実録ルポ

介護の裏

甚野博則

文春新書

1449

はじめに

介護から目を逸らしてきた

介護に対して抱くイメージは、暗く重いものばかりだ。排泄《はいせつ》、おむつ交換、食事、入浴、洗濯、掃除、ゴミ捨て、服薬、通院――。日常のあらゆることを誰かにサポートされながら暮らすかも知れない、将来の自分を想像するだけで心が沈む。そのため私自身も、自分の将来を意識的に考えないようにしてきた。

「日本には介護保険制度があるから、いざとなったら何とかなるはずだ」

「動けなくなる前に老人ホームに入ればいい」

そう思うことで自らの思考を停止させ、これまで介護から目を逸《そ》らしてきた。これから関わっていくであろう、親の介護についても、イメージすら浮かんでいなかった。

だが二〇二一年、そんな私に突然、介護の問題が降りかかってきた。母親が自宅の階段から転落して救急車で運ばれたと、父親から連絡があったのだ。東京の郊外に夫婦二人で暮らす母親は、数年前から指定難病のパーキンソン病を患っており、身体が思うように動かなくなっていた。これまで実家では、一緒に暮らす父親が、買い物や炊事、洗濯、入浴の介助など母親の世話を行っていた。父親も健康なわけではなく、心臓に持病を抱え、加齢のせいもあって足も弱っている。いわゆる老老介護の状態であった。

自宅の階段から転落した母親は、腰椎の一部を骨折して約一か月の入院となった。これを機に、私は半ば強制的に、介護と向き合わされることになったのだ。

しかし、向き合うにしても、向き合い方もわからない。介護保険を利用するために、どういう手続きを経て、何を計画し、どう行動すればいいのか。そもそも介護保険が私の親に何を提供してくれるのかも明確に答えられなかった。そうした介護のイロハを調べることから、私の介護との関わりはスタートした。

人材も財政も危機的状況にある

介護を巡る日本の現状は「安心」とはほど遠い。むしろ危機的な状況だ。

「介護はカネ次第。カネがなければいい介護は受けられない」

取材を進める中で出会ったある男性はそう語った。国の介護保険制度は頼りにならず、自己資金を投じなければ満足な介護を受けることができないというのだ。介護保険料をきちんと支払っていても、自分の希望する老人ホームに入ることもできず、場合によっては散歩や趣味などの外出介助さえも受けられない未来が待っている。

こうした介護の厳しい現実は、構造的な問題から生まれている。その一つが、介護現場を支える介護職の減少だ。厚生労働省の試算によれば、二〇二五年度には介護職が約三十二万人も不足し、二〇四〇年度には約六十九万人が足りなくなるという。既に日本の介護制度は崩壊しはじめている。

介護保険制度を支えている財政面はどうか。数字の上では介護保険は黒字が続いているが、だからといって安心はできない。市区町村の介護保険財源に赤字が出ると、一般財源から補填する必要がないように、不足分について都道府県に設置された基金が貸付・交付を行う仕組みになっている。数字のトリックによって、問題が見えないようになっているだけなのだ。当然、貸付金や交付金は、いつか返済しなければならない。不足分のツケは結局、国民に回ってくることになる。

さらに二〇〇〇年の介護保険開始以降、自己負担割合の引き上げが幾度となく行われ、保険料の徴収額は増加している。それに対して、介護サービスのメニューを減らす動きが続いている。財政の逼迫《ひっぱく》により利用者の負担が増す一方、そのサービスの質は低化しているのだ。

介護業界の深くて暗い「闇」

こうした介護保険制度の構造的な問題に限らず、介護の裏には深くて暗い「闇」が広がっている。例えば、高齢者に対する虐待事件、悪徳業者による介護保険の不正請求などの発覚は後を絶たない。介護の現場では一体何が起きているのか——。その実情を、この目で確かめたくなり、全国の現場を歩き、当事者に話を聞いて回った。

本書では、私自身が親の介護で実際に直面した問題のみならず、老老介護や介護離職、急増する外国人介護職、利益優先の高齢者ビジネスの現状、高齢者を狙った詐欺事件に至るまで、介護を巡る諸問題について広く取り上げている。介護される側とその家族、介護施設の運営者や介護職など、さまざまな立場から見える「介護のリアル」を取材した。

実録ルポ　介護の裏　◎目次

序章　親が要介護になって

突如訪れた親の介護

「母さんが階段から転落して救急車で運ばれた」

実家の父親から突然メールがきたのは二〇二一年六月のことだ。東京の郊外に夫婦二人で暮らす母親は、数年前から指定難病のパーキンソン病を患っており、身体が思うように動かなくなっていた。進行性の疾病は、薬で症状の悪化をある程度抑えられるが、状態は年々悪くなるばかり。家族も母も、近い将来、完全に寝たきりになる可能性があることを覚悟はしていた。

自宅の階段から転落した母親は、腰椎の一部を骨折して約一か月の入院となった。父親からメールを貰った二日後、私が病院に見舞いに行くと、コロナ禍のために面会は全面禁止。担当の医師からは、「二か月くらいはコルセットを巻いたままの生活になります。パーキンソンを患っているので身体はだいぶ弱っていくでしょう」と説明された。

そうした状況にあっても私の介護に対する認識は実に甘いものだった。これから関わっていく親の介護のイメージすら浮かんでいなかった。そして、自分がいかに介護について無知であったかを後に思い知らされることになる。

持病を抱える父親が母親を介護

母親が無事に退院したと聞き、実家に帰省したのは、それから一か月後のことだ。二十畳ほどのリビングの中央には見慣れない大きなベッドがあった。そのベッドの両側には転落防止の柵が付いており、枕元には上体を起こすためのリモコンが置かれている。病室にあるような無機質な介護用ベッドに母親が横たわり、じっと天井を見上げていた。

「大丈夫?」

そんな言葉をかけた気がする。今後、リハビリを行えば入院前と同じようになんとか歩けるまでに回復するとのことだった。

これまで実家では、一緒に暮らす父親が、買い物や炊事、洗濯、入浴の介助など母親の世話を行っていた。歩いていける距離にスーパーマーケットはなく、父親は数年前に自動車の運転免許証を返納しているため、食材や日用品の調達は、もっぱら宅配してくれるネットスーパーを利用していたという。母親の世話をする父親も健康なわけではない。心臓に持病を抱え、加齢のせいもあって足も弱っている。いわゆる老老介護の状態であった。

そんな二人の楽しみといえば、徒歩圏内にある大きな公園を時々散歩することだった。足元がおぼつかない母親の腕を父親がしっかり摑《つか》んで、晴れた日の公園を、休憩しながら三十分程度かけて歩く。そうした散歩を二日おきにしていたそうだ。

父親の話によれば、母親は入院前から頻繁に自宅で転倒するようになり、リビングと廊下の境目にある段差に躓《つまず》くこともしばしばだった。服用している薬の効き目が切れると、突然、崩れ落ちるように床に転倒してしまうこともあったという。おそらくパーキンソン病の進行のせいだろう。

さらに長時間椅子に座っていることが困難で、最近は一日の大半を介護用ベッドの上で過ごしていたと聞かされた。そこで私は初めて、母親の事故より前から実家に介護用ベッドが設置されていたことを知った。正直、そこまで病状が酷《ひど》くなっていたとは思いもよらなかった。恥ずかしいことだが、私は母親の身体の異変に全く気付いていなかったのである。

介護用ベッドに二十五万円

「ところで、この介護用ベッドは、介護保険で買ったの？」

父親にそう質問すると、「自分で購入した」と答えた。金額は約二十五万円だったというが、それが高いのか安いのかさえもわからない。私は「介護保険を使えば、もっと安く買えたんじゃないの？」と聞き返したが、父親は「そうかな」と曖昧に答えたことを覚えている。

このやりとりは介護保険制度の知識が非常に乏しい者同士の会話だということが後にわかる。介護保険サービスでは基本的にベッドは購入ではなく、レンタルするのが一般的だからだ。

さらに私は実家の中に、見たことのない手すりが複数設置されていることに気づいた。特にトイレの中に取り付けられた手すりは、天井と床に茶色い極太の突っ張り棒を固定しただけのもので、デザインも色も自宅の雰囲気に合わず、異様な存在感があった。手すりは業者からレンタルしたものだという。

「この手すりがあると、楽なの？」

そう父親に聞くと、あっても無くても、あまり利便性に変わりはないと答え、「もう契約しちゃったから」と話した。

どういう経緯で手すりを付けたのか、父親の説明は要領を得なかった。だが、必要のないものに毎月レンタル料を払い続けることはない。私はその場で契約書を探し、業者へ解約の電話を入れるよう勧めた。すると業者は、「勝手に解約できないんですよ。ケアマネを通してもらわないと」と話す。

「ケアマネ？」

介護の仕組みを理解していない私は、ケアマネ（ケアマネジャー）という職業があることは知っていたものの、それが手すりの契約とどう関係があるのか、理解できなかった。するとと数時間後、業者から連絡を受けたケアマネが自宅に電話をかけて来た。父親が、「使っていないので解約したい」と伝えると、その後、業者が手すりを取り外しに来て、無事に契約を解除した。

母親に担当のケアマネがいたことを、私はこの時点で初めて知った。介護経験者にとっては当たり前のことだが、担当のケアマネが付いているということは、既に母親は要介護認定を受けていることを意味している。要介護認定を受け、ケアマネがケアプランを作成したうえで、さまざまな介護サービスを受けることができるのが、介護の基本的な仕組みだ。そうした基礎情報も知らなかった私は、介護のイロハについて、慌てて調べ始めたのだった。

知識や情報なしでは損をする

四十歳になると原則的に誰もが介護保険料を支払うことを義務付けられる。会社員や公務員であれば、給与から天引きされる形で保険料を納付している。自営業者も国民健康保険料に上乗せされ、公的年金の生活者であっても、年間の受給額が十八万円以上の人は年金から介護保険料が天引きされている。

私の知人は、「介護が必要な時期になると『あなたには介護が必要だから早く手続きしてください』と役所から手紙が来るものだと思っていた」と話した。ほぼ自動的に介護保険料を徴収されているのだから、介護の時期が来たら、自動的にお知らせ通知くらいは来るものだと考えていたそうだ。実は私もその程度の認識だったが、当然、役所からそのような通知が来ることはない。介護サービスを必要とする場合は、自ら申請しないと何も始まらないのだ。

それはつまり、介護に関する知識や情報がないと、本来受けられるはずの介護サービスを受けられないという状況を生むことになる。先述のように、介護用ベッドを自費で購入していた私の実家が典型的な例だ。後に父親も「要支援」の要介護認定を受けることになるが、その当時でも介護保険を利用しようという考えには及んでいなかった。

矛盾と謎だらけの介護保険制度

厚労省が発表した「厚生労働白書」(令和2年版)によれば、「日頃のちょっとした手助けが得られない」や「介護や看病で頼れる人がいない」など、生活の支えが必要と思われる高齢者世帯は、一九九〇年からの二十五年間で三・五倍程度増加している。さらに今後、二〇四〇年頃には二〇一五年の一・四倍程度にまで増える見込みだという。

自身や家族に突然介護が必要になった時、複雑な介護の仕組みや、利用する高齢者施設について一から調べることは容易ではない。かくいう私も、当時、週刊文春の記者として取材に駆け回っており、「今は忙しい」「まだうちは大丈夫」「介護の仕組みは複雑そうだから今度ゆっくり考えよう」などと、他人事《ひとごと》として目を逸らしてきた。

ところが、突然親の介護に直面すると、目の前に問題が山積していることに気づく。まず何から、どう手を付ければよいのかさえもわからない。そうした課題について関連資料を探し、関係者に話を聞き、取材のように問題を紐解《ひもと》いていって、今では複雑な介護サービスの仕組みが少しずつ理解できるようになってきた。

それと同時に、矛盾と謎だらけの介護保険制度や、介護業界を取り巻く深い闇まで知ることになるのだった——。

第一章　介護の不可解な仕組み

介護保険制度は不親切

介護に直面している高齢者や、親の介護をこれから始める人などを取材すると、多くの人が口を揃えてこう話す。

「介護の仕組みはわかり難《にく》い」

実は私もそう思っている一人である。親の介護を間近で見ていた経験から、介護保険制度はわかり難いうえに不親切だというのが私の印象だ。要介護認定を受けてケアマネを選ぶまでの流れから、介護サービスや施設の選び方まで、思わぬところに落とし穴が潜んでいる。例えば多くの介護サービスは、介護保険で賄えるものとそうでないものが混在していて、見分けるのが非常に難しい。

その一方、介護保険制度についてきちんと調べ、準備している人は非常に少ない。SOMPOホールディングスが二〇一九年に公表した調査では、「近い将来、親の介護の可能性がある」とした人が介護に備えて既にやっていることとして、「地域の自治体の問合せ先を調べたり、実際に相談したりした」と答えた人が僅か五・九%しかいないというのだ。また、「何もしていない」と回答した人が六一・五%もいるというデータもある。そもそも介護とは、一体何から始めたらよいかも知らないという人が多いのが現実だ。

親切な「包括」を選べるか？

そんな方のために説明をすると、介護は、最初に「地域包括支援センター（包括）」と呼ばれる機関（地域によって呼び名が違う場合もある）、または市区町村の高齢者福祉関連部署のいずれかに電話をすることから始まる。どちらに電話をしても、最初にどの窓口で、どんな手続きをすればよいかくらいは教えてくれるはずだ。そして、まず始めに「要介護認定」を受けるよう案内されることになる。どのくらい介護が必要なのか判定してもらうのだ。

この要介護認定により、介護の必要度がランク付けされる。ランクは、軽い順に要支援1、要支援2、要介護1から要介護5までの七段階に分けられる。その段階によって一か月に使える介護保険の支給限度額が設定されているのだ。

認定のランクについて、もう少し補足しておこう。厚労省の資料「要介護状態区分別の状態像」によれば、起き上がりや立ち上がりなどの日常生活能力の低下がみられる場合は最も軽い要支援1に認定される。洗身、薬の内服、金銭の管理、排尿、排便、上衣の着脱、ズボンの着脱などの能力に問題があるなら、「要介護」状態となり、症状の重さに応じて要介護1から要介護5までのランクに分類されることになる。

要介護認定を受ければ、担当するケアマネジャーを決め、要介護者をどのようにケアしていくのか方針を固めていくという流れを辿《たど》り、ようやく介護がスタートする。

最初に相談をすることになる「包括」とは何か。まずはその仕組みを簡単に説明する。包括というと市区町村の出先機関とイメージする人も多いだろう。だが、全国に五千か所以上ある包括のうち、市区町村が運営しているのは、わずか約二〇・五％に過ぎない。それ以外は「委託」という形で民間事業者などに運営を委ねている。ある包括の職員にその理由を聞くと、こう答えた。

「民間に委ねているのは利用者にとってメリットがあるからというよりも、市区町村の業務量を減らすためでしょう」

とはいえ、地域によっては包括の職員の対応にばらつきがあることや、相談スペースが確保できていないなどハードの面で偏りがあることなどの事例も多く、結局、包括を指揮・監督する市区町村の業務量が増えてしまったなどの話もあるそうだ。

もちろん親身に相談に乗ってくれる包括の職員も多いだろうが、業務量が多いためか機械的に対応されたと語る利用者がいるのも事実である。実際に、ある利用者からは、「今

介護サービス利用までの流れ

❶要介護認定の申請

- 本人が住んでいる市区町村の窓口(高齢者福祉関連部署など)で申請をおこなう
  ※申請には、介護保険被保険者証が必要となる

↓

❷認定調査・主治医意見書

- 市区町村の調査員が自宅や施設を訪問して、心身の状態を確認するための認定調査をおこなう
- 主治医意見書は市区町村が主治医に依頼
  ※申請者の意見書作成料の自己負担は無し

↓

❸審査判定・認定

- 1次判定と2次判定を経て、要介護度が認定・通知される
- 申請から認定の通知までは原則30日以内におこなう
- 認定は非該当、および要支援1・2から要介護1〜5までの7段階に分かれている

↓

❹介護サービス計画書の作成

- 担当するケアマネジャーを決定
- どのサービスをどう利用するか、本人や家族の希望、心身の状態を十分考慮して、介護サービス計画書(ケアプラン)を作成してもらう

↓

❺介護サービス利用の開始

(厚生労働省のホームページをもとに作成)

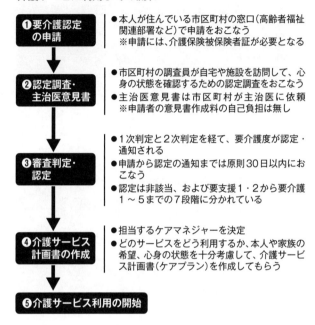

後どの居宅介護支援事業所を利用したらいいか相談しても、事業者のリストを渡されただけで、不親切な対応だった」など不満の声も聞く。前出の包括職員は、「包括は立場上、どの事業者が優れているとか、何かをお勧めするような事はできない」というが、民間に委託しているのであれば、より柔軟なサービスが必要なはずだ。

都内の医療関係者が指摘する。

「われわれ医療関係者から見れば、介護はグレーだと思うことが多いです。例えば普通、怪我や病気になった人は医療保険を使って病院に行きますが、どの病院を受診するかなどは自分で決めることができます。ところが介護保険は医療保険と違い、介護が必要だと思ったら、まず行政に申請をしなければならない。そして行政の采配で介護を受けられるかが決まる。しかしながら、行政の担当者は、たまたま福祉を担当しているだけで介護の専門家が雇われているわけではないのです。そうした担当者の采配が本当に公平なのか、正しく判断されているのかについては、誰も検証しようがないのです」

曖昧すぎる要介護認定の判定基準

その例の一つが要介護認定だ。包括や行政に介護が必要であることを告げると、まずは

要介護認定の流れ

①介護認定調査員が、74調査項目について初期調査を実施
（日常生活の様子や身体機能・認知状態などの聞き取り、簡単な動作確認）

②コンピュータによる1次判定
（初期調査結果と主治医の意見書の一部を入力）

③1次判定ソフトにより、8つの生活場面ごとの介助時間を推計
（食事、移動、排泄、清潔保持、間接、認知症の行動・心理症状、機能訓練、医療関連の介助時間について）

④8つの介助時間を合計して、要介護認定等基準時間を算定し、要介護度を判定

⑤介護認定審査会による2次判定
（1次判定結果、主治医意見書等に基づき、学識経験者らが審査判定をおこなう）

区　分	要介護認定等基準時間	低下している日常生活能力
非該当	25分未満	無し
要支援1	25分以上 32分未満	起き上がり、立ち上がり
要支援2 要介護1	32分以上 50分未満	上記に加えて、片足での立位、日常の意思決定、買い物
要介護2	50分以上 70分未満	上記に加えて、歩行、洗身、つめ切り、薬の内服、金銭の管理、簡単な調理
要介護3	70分以上 90分未満	上記に加えて、寝返り、排尿、排便、口腔清潔、上衣の着脱、ズボン等の着脱
要介護4	90分以上 110分未満	上記に加えて、座位保持、両足での立位、移乗、移動、洗顔、整髪
要介護5	110分以上	上記に加えて、麻痺、食事摂取、外出頻度、短期記憶

（厚生労働省「要介護認定の仕組みと手順」などをもとに作成）

要介護認定の申請を行うように促される。認定は、市区町村の職員または委託された専門員が、申請者の自宅などを訪問して、初期調査を実施する。調査では、日常生活の様子や身体機能、認知状態などの聞き取り、そして簡単な動作確認などが行われる。

以前、この初期調査を間近でみたことがある。その日は、区役所から年配の女性が一人でやってきて、要介護認定を希望する本人に、いくつかの質問をしていた。

「寝た状態から上半身を起こせますか?」「座った状態を十分間保持できますか?」「起床から就寝まで日課を理解できていますか?」「この面接調査の直前、あなたは何をしていましたか?」など数十項目を矢継早に質問すると、今度は、「テーブルに手をつかないで、そのまま立ち上がってみてください」「片足を一秒程度あげてみてください」「摑まらないで五メートル歩いてみてください」などと身体の動きもチェックしていた。

調査されている本人は、質問に答えようとするが咄嗟《とっさ》に言葉が出てこないようだった。身体の動きを試されているときは、「はい、できますよ」と、元気に対応していたのが印象的だった。

ところが、同席していた家族の一人は調査員が帰った後、こう話した。

「普段は物忘れも酷いし、立ち上がってもヨロヨロとして危なっかしい。何かに摑まらないと転倒してしまうほど。でも、調査員の前では、『私は元気です』『私は正常です』と、自身の健康をアピールしようとしているのがわかりました」

こうした言動は高齢者によくあることだと、ある介護関係者から聞いたことがある。本来は介護が必要であるはずなのに、人に頼りたくない、介護されるほど老いていないという気持ちから、強がってしまう高齢者も多いという。しかし、それで正しい認定が出来るのかと疑問に思うが、この調査結果や主治医の意見書の一部の項目がコンピュータに入力され、全国一律の判定方法で一次判定が行われる。また、二次判定として介護認定審査会の審査を経て、ようやく要介護認定されるという仕組みになっているのだ。

これまで取材をしてきた中で、この要介護認定が本当に正確で公平なのか疑う声を関係者からよく聞いた。

「医師の意見書や行政担当者の調査が絶対に正しいものであるとは限りません。また要介護認定の判定基準も曖昧です。厚労省が公表している二〇一五年のデータでは、認定率は約一八％と非常に少なく、どの介護ランクになるかも自治体によってばらつきがあると指摘する報道もある。住んでいる自治体によって認定される介護ランクに差があり、保険請求の上限額が決まるのであれば、それは不公平だといえるでしょう。介護保険料を強制的

に徴収している以上、そこは公平でなくてはならないはずです」(前出・介護関係者)

調査の結果が出ると、当然、本人あるいは家族が判定結果を疑問視するケースもある。「調査員は実情を把握できなかったのではないか」「判定結果が不公平だ」と訴える人もいるそうだ。認定された要介護度のランクによって、受けられる介護サービスの内容やサービスの自己負担額も異なるからだ。いわゆる「老人ホーム」の利用基準にも、要介護度のランクは関係してくる。

判定結果に納得がいかない人には、「不服申し立て(審査請求)」「区分変更申請」などの制度もある。無事に「要介護認定」を受ければ安心という話ではない。認定はまだ、介護の序章に過ぎないのだ。

介護の質はケアマネ次第

要介護認定が終わり、今後在宅介護を行っていく場合、包括から紹介されるのが「居宅介護支援事業所」だ。居宅介護支援事業所とは、在宅介護を受けるにあたって計画や調整を行ってくれる総合相談所のような場所。この居宅介護支援事業所には、後に担当になるケアマネが所属している。

ケアマネとは、要介護認定（あるいは要支援認定）を受けた人に対して、どのような介護が必要かを一緒に考えてくれる専門職である。その仕事内容は多岐にわたるが、最も重要な仕事が、要介護者の状況を把握し、本人や家族の希望を聞きながら、「ケアプラン」と呼ばれる介護サービス計画書を作成することだ。どのような器具をレンタルするか、どんな施設に通うか、どういう手助けが必要で、どのくらいの期間サービスを受けるかなど、細かくケアプランをたてていく。例えば、福祉用具や工務店などの業者の紹介・手配、介護保険に関する各種申請手続き、業者間の調整なども行ってくれる。いわば〝介護の司令塔〟がケアマネだ。このケアマネがいないと、何の介護サービスも始まらない。それゆえ、担当のケアマネ次第で、介護の質が大きく変わるといっても過言ではないのだ。

そこまで重要なケアマネだが、自由に選べないケースが圧倒的に多い。

例えば私の例をあげてみる。久しぶりに実家に帰省した私は、どういう基準で居宅介護支援事業所とケアマネを選んだのかと親に聞いたことがある。すると、こんな答えが返ってきた。

「選んだわけではなくて、家から近い居宅介護支援事業所に電話をしたら、その場の流れで所属するケアマネが来て、なんとなく担当になってくれた。『私が担当でよろしいですか』と聞かれたけど、初めて会ったばかりだし、特に拒否する理由もなかったから」

正直、当時の私もそんなものかと聞き流していた。しかし後から確認してみると、包括から提供された「居宅介護支援事業所」リストには、事業所の名称と住所、電話番号くらいしか書かれていなかったのだ。

ケアマネと一口にいっても、介護福祉士の資格を持っている人や、介護の実務経験が長い人、看護師を経験している人など、個人によって経験や得意分野は様々だ。しかし実際のリストには、それぞれの事業所にどんなケアマネが所属しているのかが掲載されていない。これでは利用者は、自分のニーズに合ったケアマネを選びようがない。結局は、近所の施設を〝適当〟にチョイスして電話をかけ、なんとなく選ばれたケアマネが自宅にやってきて、そのまま担当になるという流れになってしまう。「他のケアマネにもいろいろ会って判断したいのですが」とは言いにくく、その場で契約をするという流れになってしまうのが現実だろう。

ケアマネ選びの〝材料〟がない

他の地域の包括でも、そんな不親切なリストを配るだけなのだろうか。試しに、ある町の包括に問い合わせてみた。するとやはり、「リストには（事業所の）住所と電話番号が載っています」と電話口の男性が話すのみ。所属するケアマネの資格やプロフィールが載ったリストは存在するかと聞いてみても、「それはありませんので、まずはお電話して相談してみてくださいね」というのみだった。

関東の自治体に勤める知人も、「区や包括では、ケアマネの紹介は基本的に行わない」と明かした。利用者との相性やニーズまで把握できないというのが理由のようだ。しかし、それは自治体側の言い分に過ぎない。利用者目線で考えるなら、居宅介護支援事業所にどんなケアマネが所属しているか、プロフィールくらいは公開してもよさそうなものだ。「ケアマネは自分で探す」ことになっているにもかかわらず、包括は探すための〝材料〟までは提供していないのが実態だ。そうしたことから〝なんとなく〟でケアマネを決めざるを得ない利用者も多い。

厚労省の「平成27年度介護報酬改定の効果検証及び調査研究に係る調査（平成27年度調査）」には、利用者・家族の満足度をまとめた資料がある。その調査の中で、「あなたを担当しているケアマネジャーを信頼していますか」との問いに対して、八八％の利用者本人が「信頼している」と回答している。

信頼できるケアマネに出会えればラッキーだが、万が一、ケアマネと相性が悪かった場合は一体どうすればよいのか。

「担当のケアマネは、いつでも変更できると説明を受けた」

私の父親は、そう話した。だが、ルール上ケアマネの変更は可能だとしても、「合わないからチェンジ！」とはなかなか言いにくい人も多いだろう。

利用者が自分のためにできることは、「居宅介護支援事業所」リストに載った施設に電話をかけ、「こういう得意分野を持つ人に、こんな介護をしてほしいが、そちらに適任者はいませんか」とズバリ聞き、選択のための〝情報〟を自ら積極的に収集することくらいだ。だが、現行制度の中で、介護サービスを受ける前の情報収集を、果たして高齢者や認知症などの要介護者ができるだろうか。要介護者の負担とならない仕組みがあってもいいはずだ。

限度額ギリギリまで料金を上げる業者

介護サービスを選ぶ際も、複雑な制度を理解できず、成り行き任せになってしまうことが多い。その結果として、必要以上にお金を払うことにもなりかねない。

介護にともなう「住宅改修」を例にあげよう。介護保険を利用して、自宅の階段や、玄関の段差部分に手すりを設置することができる。要介護、要支援のランクに関係なく、最大二十万円までが介護保険でまかなえるため、一割負担の要介護者であれば最大二万円で住宅改修を施工できる制度になっている（所得によって負担額は一割から三割まで）。

私の実家でもこの「住宅改修」を利用して、階段や玄関などに転倒防止のための手すりが取り付けられた。

父親に「この手すり、全部でいくらかかったの」と聞くと、「二十万近くかかった」と答えたのである。繰り返すが、介護保険でまかなえる上限が二十万円だ。

試しにネットで手すりの一般的な価格を検索してみると、五千円も出せば、そこそこの手すりが手に入ることがわかった。それに工事費などを加えても、二十万円という価格は高いという印象を受けた。

そこで父親に、「いろいろな種類の手すりがある中で、この製品を選んで設置することは誰が決めたのか」と聞くと、「ケアマネに紹介された業者が選んだ」とのことだった。他の業者との相見積もりについては、予想通り「とっていない」というのだ。

断っておくが、決して製品や金額にクレームをつけたいわけではない。手すりも、あった方が安全だろう。だが、設置する製品を一業者が選定し、相見積もりも取っていないとなれば、その業者は介護保険の限度額ギリギリになるよう金額を調整して改修工事を行ったのではないかと勘繰られても仕方がないのではないか。

事実、国民生活センターには、住宅改修について次のような相談が寄せられている。

〈介護支援専門員が所属する居宅介護支援事業者と同じ経営者の住宅改修事業者と契約したが、必要な改修のみをしてほしいと言っているのに、介護保険上限額までの工事を勧める。技術面でも素人の集団のようなので、解約する旨伝えたら、解約できないと言われ困っている。（72歳男性）〉

〈介護支援専門員の紹介の事業者に、段差の解消と手すりの取り付けを依頼した。改修の希望を聞かず、工事内容の説明をせず、見積もりも出さぬまま工事を行い20万円の請求があった。介護支援専門員は無責任。（81歳男性）〉

不必要なレンタル商品に金を払い続ける

ケアマネからは住宅改修の他にも、介護用具のレンタル業者を紹介されることがある。レンタルは介護用ベッドや車椅子、入浴支援グッズやポータブルトイレなど、さまざまな商品がある。

私の実家も、こうしたレンタル業者を利用している。序章でも記した、トイレに取り付けられた手すりがその一つだ。繰り返しになるが、手すりといっても天井と床に茶色い極太の突っ張り棒を固定しただけの簡素なもので、デザインも色も自宅の雰囲気に合わず、異様な存在感があった。ちなみに、住宅改修の時点でなぜトイレの手すりを取り付けなかったのか、父親に聞いても判然としなかった。改修が終わったあと、ケアマネから「トイレにも手すりがあったほうがいいですよね」と提案があったようだ。恐らく住宅改修では限度額を使い切ってしまったため、トイレだけレンタルになったのだと思われる。

この手すりのレンタル料だが、月々四百三十円超が銀行から引き落とされていた。一年で約五千二百円かかる手すりを一生涯使うとなると、相当な額になる。この先、五年で約二万六千円、十年で五万二千円と、センスの悪い手すりに料金を払い続けることになるのだ。簡易的な手すりなら、ホームセンターで数千円程度から売られているのに、である。

さらに驚いたのは、手すりは介護保険を使ってレンタルしているため、一割負担の金額が約四百三十円だったのだ。つまり月に約四千三百円が業者にわたっているということになる。これでは業者がボロ儲けではないかと、介護保険の仕組みに不信感を覚えた。

もちろん、介護するうえで必要なものであれば問題はない。レンタル業者には、福祉用具専門相談員という専門家が配置されており、福祉用具の導入後に点検や使用状況の確認を行うとされているが、私の実家では「あっても無くても、あまり利便性に変わりはない」と、手すりがそのままにされていた。

これはケアマネと利用者のコミュニケーション不足に他ならない。導入したレンタル商品が、どう使われ、利用者の生活がどう改善されたか、ケアマネが最終的に管理する必要があるのではないか。

介護用のレンタル商品は世の中に無数に存在している。私の手元には、ある業者の商品カタログが二種類ある。クッション類から、歩行器具、入浴介助器具、食事介助の際に使うグッズなど、レンタルから買い取り商品まで、二冊ともに数千点が掲載されている。介護に携わった経験がなければ、どの商品も見慣れないものばかりで、本当に必要なものなのかを要介護者だけで判断することは難しい。

結局、私の実家のケースではケアマネを通じてトイレの手すりを解約するに至ったが、高齢者を相手にしたケアマネやレンタル業者にもし悪意があったとしたら、それをチェックする仕組みがないのは問題ではないだろうか。

介護業界に蔓延《はびこ》る〝癒着〟

レンタル用品などの業者の選定は、ケアマネが主導していくことになる。もちろんケアマネが独断で決定することはなく、「サービス担当者会議」を開き、ケアマネと要介護者の元に関係者が集まり、話し合いで介護の方針を決めていく。

以前、私の実家で開かれたサービス担当者会議に参加した際、介護用品のレンタル業者を選定するにあたり、ケアマネがこう話していたことがある。

「この業者さんは、うちのグループ企業でフットワークもよいですし、一度、こちらの会社の担当者を連れてきますね。もちろん、無理に契約をしなくても構いませんから、一度話だけでも聞いてみましょう」

特定の会社名を出して、そう切り出した。要介護者にとっては他にどんな業者があるかもわからないため、ケアマネの〝おすすめ〟に任せるしかない。

するとケアマネは、A4用紙一枚をテーブルの上に置き、こう説明を続けた。

「ここに、うちの事業所を利用している方が、どの業者さんを使っているか、割合が出ています。特定の業者さんを斡旋《あっせん》しているわけではなく、利用者の方にあった業者さんを広く紹介しているということがわかる資料です」

資料には、ケアマネが所属する居宅介護支援事業所が、どの業者と契約しているか、その業者と契約している利用者は全体の何割かが記されていた。例えば福祉用具のレンタルであれば、居宅介護支援事業所と契約しているA社、B社、C社と業者ごとに、それぞれの割合が載っている。つまり、ケアマネが所属する事業所が、特定の業者と〝癒着〟していないことを説明する資料だった。

ケアマネがわざわざこうした説明をするのは、二〇二一年度の介護報酬改定によって、事業所に各サービスの利用割合や担当事業者の割合を、利用者に書面や口頭で説明する義務が課されたためである。また、同年から厚労省は、要介護者が利用した介護サービスの種類や回数などの情報を元に、毎月利用する介護サービスを上限額近くまで使っていないか洗い出せるよう、介護給付の適正化に向けたシステム改修を打ち出している。〝癒着〟に加担するケアマネや事業所を特定し、介護保険法に基づく監査や報酬の返還命令などを行えるよう監視強化をはじめた。

介護サービスの利用予定者への説明義務を怠ると、最悪の場合は介護報酬の返還というペナルティーもあり得るため、ケアマネは介護報酬改定のルールに従って説明を行ったわけだ。裏を返せば、それだけ業界の中で〝癒着〟が横行しているということになる。

〝囲い込み〟〝ひも付き〟の横行

介護業界では、「癒着」をあらわす〝囲い込み〟〝ひも付き〟といった言葉がたびたび聞かれる。

介護施設で運営責任者をしている男性は、こう内情を明かす。

「〝囲い込み〟は、要介護者（または要支援者）を、一つのグループ企業の中だけで契約させて囲い込むこと。〝ひも付き〟は、ケアマネが特定の業者と深く結びついていることをいいます。本来、要介護者は自身の介護保険を使って、いろいろな介護サービスを受けることができる。どの会社のサービスを使うかは原則利用者の自由ですが、業者側はいろいろな手を使って利用者を誘導し、自社の関連会社だけで回そうとするのです。なかには『関連会社の介護サービスを受けなければ、うちの施設には入れません』と、半ば強制的に業者を押し付ける例もある。そういう営業をやっている事業者やケアマネが今もいるのは事実です」

実際、一つの法人が介護から医療まで、様々な施設を展開している事例は多い。

「このレンタル業者さんは、うちのグループ企業です」

実家でのサービス担当者会議で、担当のケアマネはこう説明したが、そのケアマネが所属する事業所は、複数の介護、医療関連施設を経営していた。後に法人のホームページや登記簿などを調べてみると、デイサービス、病院、診療所、歯科診療所、訪問看護、地域包括支援センターを経営していることがわかった。介護ショップ、介護タクシー、ヘルパーステーションなどにも手を広げているようだった。医療と介護を一手に担う一大グループを形成していたのだ。

もちろん〝囲い込み〟も、利用者にとってメリットがあれば、よいのかもしれない。例えば、デイケアの建物に系列の会社が運営する居宅介護支援事業所が同居していれば、担当のケアマネが近くにいることに安心感を覚える人もいる。系列の診療所が隣接していれば、利用者にとっても利便性が高い。そうして納得したうえで契約することもある。だが、最初から利用者に選択の余地を与えないのであれば、それは悪質だ。

「囲い込みで最も問題なのは、利用者に必要のない介護サービスを無理やり押し付けるケ

囲い込みのイメージ

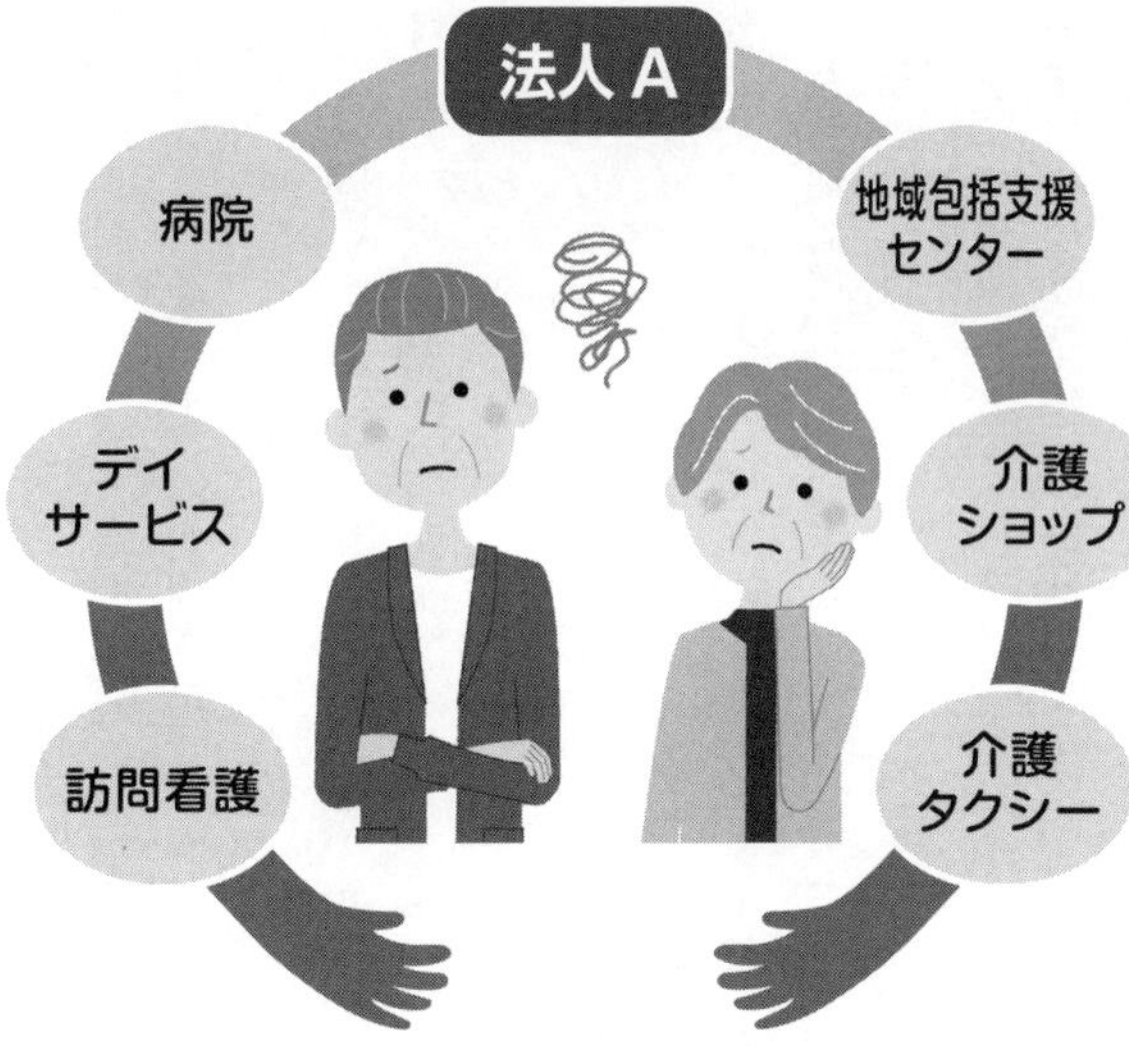

提供：studiolaut／イメージマート

ースが横行することです。例えば、月額が安い高齢者向け賃貸住宅への入居を希望する人がいるとします。その住宅を運営している会社が、居宅介護支援事業所やヘルパー派遣会社、デイケアサービスなど複数の介護関連会社も運営している。入居を受け入れる代わりに、グループ会社の介護サービスを月にどのくらい利用してくださいと押し付けるのです。その条件を飲まなければ、入居を断るという例はいくらでもある。本来、どの介護サービスを受けるかは利用者の自由ですが、それを事実上、強制するのです。利用者側から見れば不要な出費が増えますし、国や行政の立場から見れば、介護保険料の無駄遣いとなる。こうしたことが明るみに出れば、当然、業者は処分されますが、それでもバレないように、うまくやっているのが現状です」（別の介護施設運営責任者）

こうした囲い込みを防ぐため、二〇二一年度から、事業所と同一の建物に居住する利用者に対して、その事業所の介護サービスを提供した場合、事業所が受け取る介護報酬額が減算されるという仕組みがスタートした。この「同一建物等減算」と呼ばれる介護報酬の改定は、言うまでもなく利用者に不利な囲い込みを防ぐための仕組みだ。

「一階にデイサービスなどの施設があり、二階に事業所や系列の介護関連企業が入り、その上階がマンションになっているという住宅型の介護施設はよくあります。そのマンションに住む居住者に、一階にあるデイサービスを利用させる場合は、事業所の介護報酬が減算されるという制度です」（同前）

だが、この制度にも抜け道があるという。

「同一建物でなければよいわけですから、道路向かいの別棟に入った系列施設の介護サービスを受けさせるのは問題ないことになります。実際に、要介護者が道路を挟んだ向かいの系列施設でサービスを受けるという光景も時々目にします。こうした制度の抜け道を利用して、売上確保に躍起になる事業所も存在しているのです」（同前）

レンタルを巡るトラブル

レンタル業者もまた、ケアマネから紹介される〝ひも付き〟である場合がある。車椅子や介護用ベッド、入浴用の椅子や歩行器まで、介護にはさまざまな福祉用具が必要になるが、その大半はレンタルだ。悪質なケースでは、利用者が必要か否かにかかわらず、介護保険の限度額までレンタル契約をさせてくる業者もいる。

私が実家で目にしたレンタル業者は、幸いにも親切な人が多かった。作業着を着て現れた業者の男性は、居室やベッドの周辺、トイレの中や階段などを、メジャーを手にくまなく調べ、「トイレで立ち上がる時は、どこに手をついていますか」などの質問を重ねていた。レンタル業者から見て、「便器の両脇に摑まるものがあれば立ち上がりが楽になる」「ベッドから転げ落ちないように、ここに柵をつけると安全」などと、何が便利で、どう危険かを指摘しながら分厚いカタログを広げ、こう続けた。

「玄関先に、こうした茶色い床置き型の手すりを設置するのは、見栄えがいいものではないですよね。今、急いで設置しなくてもいいと思いますので、一度、よく検討してみてください」

この業者からは、その場で契約を取り付けようという雰囲気は全く感じられなかったが、不親切な業者とトラブルになる例もある。例えば、サイズや使用感があわず月の途中で解約したが、日割り計算されずに一か月分請求されるなどの問題が起こることがある。細かな文字で印字された契約書には、確かに日割り計算をしないと記されているが、高齢者相手のビジネスでは、丁寧な事前説明があっていいはずだ。

「レンタルの相談で多いのは、製品の使用方法がわかり難く、高齢者やヘルパーから『これでは使えない』と言われるケースです。もちろん事前に使用方法の説明はしていますが、いざ日常生活で使ってみると、非常に使い難くて解約したいという話になることも。今は各製品の性能が良くなっていますが、昔は介護用ベッドの手すりで事故が多発していました。手すりの隙間に頭が挟まれて死亡する事故が起きた例もある。レンタル業者の中には、製品について熟知していない担当者がいることもありますが、ケアマネから紹介されたとあればなおさら、高齢者が業者の質を見極めるのは難しいでしょう」（都内のレンタル業者）

施設は例外という〝落とし穴〟

ちなみに、介護用品のレンタルを巡っては、こんな〝落とし穴〟もある。

「居宅介護とは違い、施設に入居している利用者様は、基本的に介護用品のレンタルはできない決まりになっています。特養（特別養護老人ホーム）などの介護施設に入って、車椅子の利用が必要になったとき、自分のサイズにあったものが施設になくても、業者からレンタルすることはできないのです。そのため、利用者様には、施設が保有する古くて小さい車椅子を仕方なく使っていただくしかないという状況が多々あります。車椅子だけでなく、杖や介護用ベッドなど、居宅介護ではレンタルできるような福祉用具が、施設に入るとレンタルできないため、介護現場ではジレンマを抱えています」（ベテランのケアマネ）

介護保険では、施設側が備品として、利用者の身体にあった介護福祉用品を用意することが決められている。備品を用意するための費用分も勘案して、施設が受け取る介護報酬が設定されているのだ。

ところが実際のところ、利用者全てにあった介護用品を揃えている施設は多くない。前出のケアマネが指摘する。

「現場では制度の矛盾を感じることばかり。施設が利用者様にあった介護用品を用意していなくても、特に罰則があるわけではないし、指導もされません。長年そうやって運用されてきました。今は特に施設側も経営が楽ではないため、簡単に備品を用意できない事情もある。そうなると結局は利用者様に我慢してもらい、既に施設にあるモノを使ってもらうという対応をとるわけですが、非常に申し訳ないと思うことが度々あります」

一方、レンタルの制度には例外もある。「外部サービス利用型特定施設入居者生活介護」を提供する介護付き有料老人ホームのみ、福祉用品のレンタルが可能になっている。

厚労省の資料によると、「特定施設入居者生活介護」とは、特定施設に入居している要介護者を対象として行われる、日常生活上の世話、機能訓練、療養上の世話のことだ。特定施設の対象となるのは、有料老人ホーム、ケアハウス、養護老人ホームだ。

施設で受けるサービス形態には、「一般型」と「外部サービス利用型」がある。一般型は、施設内で提供される包括的な介護サービスのことで、施設が日常生活の支援や介護、機能訓練などを一貫して提供する。一方、外部サービス利用型とは、施設での生活において外部の介護サービス提供者から介護や支援を受ける形態のことをいう。その外部サービス利用型の介護施設のみ、福祉用品のレンタルができるのである。

「ただし、利用者様がレンタル業者を選ぶことはできず、利用金額の上限も決められているため、決して自由度が高いとはいえません。そうした複雑な仕組みまで理解されている利用者様はほぼいませんから、利用の際はケアマネに相談することになります」（同前）

こうしたレンタル制度の複雑な仕組みのため、被害を受けるのは利用者に他ならない。

通い型・短期宿泊型・入居型

最後に介護施設だが、この区分も非常にわかりにくい。施設には実にいろいろな形態があり、その複雑な違いが利用者を混乱させているといえる。誰かがいちいち解説してくれるわけではないので、利用者自らが調べるなり、ケアマネなどに聞くなりして情報収集をする他ない。

簡単に整理すると、介護施設は大きく、①「通い型」、②「短期宿泊型」、③「入居型」の三つに分類できるだろう。

①の「通い型」は、日常生活の支援を目的とする、あるいは医療的ケアを目的とする施設だ。自宅から日帰りで通うデイケア、デイサービスなどが代表的なものとなる。

デイケアは、リハビリが必要だと医師が判断した要介護者と要支援者が通える日帰り施設のことで、通所リハビリテーションと呼ばれることもある。利用するためには医師の判断が必要ではあるものの、実態はデイケアに通いたいと患者が希望すれば、「リハビリが必要である」旨を記した診断書を医師が書いてくれる。つまり、医師の判断よりも、患者の希望が先行するということだ。一方、デイサービスは医師の判断は不要で、要介護者のみが通える施設だ。レクリエーションや入浴・食事の介助など、主に生活面での介護サポートが中心となる。

いずれも、介護が必要な人や、その家族を支えてくれる施設ということに変わりはないが、利用目的が「医療ケア」か「介護」かによって通所条件、料金体系にも違いがあり、介護業界では明確に使い分けられている。

②の「短期宿泊型」は、短期間だけ泊まれる老人ホームというイメージだ。普段は居宅で介護を受けている人が、一週間だけ同居する家族が不在になってしまうなどの理由から、短期宿泊で利用するもので、ショートステイ（短期入所生活介護）とも呼ばれている。かつて高齢者の詰め込みや、設備・介護環境の不備などで社会問題化していた「お泊りデイ」と呼ばれる施設も、この短期宿泊型に分類される。

③の「入居型」は居住型の施設で、いわゆる老人ホームが代表的だ。施設の種類は用途別に細分化されており、特別養護老人ホーム（特養）、介護老人保健施設（老健）、介護療

介護施設の区分

形態	施設の例	注意点
通い型	●デイケア ●デイサービス	日常生活の支援、あるいは医療的ケアを目的とする施設。デイケアを利用するためには医師にその希望を伝え、診断書を書いてもらう必要がある。デイサービスについては医師の判断は不要。
短期宿泊型	●ショートステイ（短期入所生活介護） ●お泊りデイサービス	連続して30日を超えた利用はできないなど、期間に制限がある。有料老人ホームなどが提供しているショートステイは介護保険の適用外。お泊りデイサービスについては全額自己負担となる。
入居型	●特別養護老人ホーム（特養） ●介護老人保健施設（老健） ●介護療養型医療施設 ●サービス付き高齢者向け住宅（サ高住） ●シニア向けマンション ●介護付き有料老人ホーム　など	施設を管轄する省庁がそれぞれ異なり、適用される法もばらばらで、施設の区分が曖昧化している。介護保険が使える施設と、そうでない施設が混在しているので注意が必要。要介護度や持病の種類など、入居条件が厳格に定められている施設も多い。

養型医療施設、サービス付き高齢者向け住宅（サ高住）、シニア向けマンション、介護付き有料老人ホームなど多種多様だ。

他にも、比較的元気な方が入居するシニア向けの分譲マンション、一般的にケアハウスと呼ばれる軽費老人ホーム、ナーシングホームや介護医療院、スタッフが常駐していない高齢者専用の賃貸アパートなど、挙げていけばキリがない。

やっかいなのは「ナーシングホームのような特養」とか「シニア向けマンションのような介護付き有料老人ホーム」といったように、明確なジャンル分けが難しい施設も多いことだ。最近では、介護付き有料老人ホームに近いサービスを提供できるとアピールするサ高住が増えていたり、介護付き有料老人ホームであるにもかかわらず夜間常駐する看護師がおらず、要介護度の高い利用者に対応できていない施設もある。看護の充実をウリにしているナーシングホームに区分される施設も増えているが、その多くは住宅型有料老人ホームというケースが多い。多くの介護職を取材していても、その区分の認識が人によっても違っており、介護施設が何種類あるのかさえ明確にできないほどだ。

また、特に②と③は、介護保険が使える施設と、そうでないものが混在するなど、利用者にとっては非常に複雑な違いがある。

このように施設の区分が曖昧化している背景には、施設を管轄する省庁が違っていたり、適用される法が異なるなど、制度設計上の問題があるといえる。

例えば、サ高住の監督官庁は国土交通省・厚労省だが、介護付き有料老人ホームや住宅型有料老人ホームは厚労省が管轄している。さらに、「介護付き」「住宅型」の施設は老人福祉法、サ高住は高齢者住まい法に基づいて運用されているから、複雑極まりない。こうした区分の曖昧さ、複雑な制度が放置されているのは、国や行政など管理側の都合が優先されているからだと言えるだろう。利用者は置き去りにされてしまっているのだ。

難航した両親の施設選び

施設の明確な違いを知るためには、入居可能な年齢は何歳以上なのか、要介護度によって入居条件が制限されているか、などの条件を調べてみるといいだろう。

たとえば、特別養護老人ホームには、原則的に要介護3以上の者しか入居できない決まりになっている。また持病の種類によって、入居条件が定められている施設も多い。入居に際しての入居一時金もゼロから億単位までと幅広く、月額の費用も数万円から百万円を超える施設もある。入居一時金が安いほど月々の施設利用料は高くなるのが一般的だ。自分の利用目的と経済状況に合った施設を見つけるのは至難の業だろう。

「試しに半年くらい、老人ホームで、お父さんと二人でのんびりと暮らしてみたい」

かつて、私の母親がそう漏らしていたことがある。かなりの資産家であれば別だが、そうした条件を満たす施設はないといえる。

例えば、短期宿泊型施設を探してみても、連続して三十日を超えた利用はできないという規定があった。それでは、入居費用が安価な特養はどうかと調べても、要介護3以上でないと入居できないという要件がある。

最近、特養は安いためか人気があり、一部の地域では数百人待ちもあるほどだ。一定以上の貯蓄がある人は、介護保険の負担軽減制度を利用できないなどの決まりもある。また、「ユニット型個室」と謳《うた》い、人気を博している特養にも、注意すべき点がある。ベッドルームが薄い壁で仕切られているだけで、事実上の集団生活となっている施設も多く存在するのだ。夫婦二人でのんびりと、そして快適に暮らしたいという理想とは程遠い。

それなら、マンションタイプの介護付き賃貸住宅はどうか。そう思い調べてみると、まず金額の高さに驚く。

二十四時間介護スタッフが常駐する介護付き有料老人ホームは、一人月額二十万円程度

（地域による）が一般的だが、最初の入居時に数百万から数千万円の費用を支払わなければならない場合が多い。中には入居時に億単位の支払いが必要な施設まである。夫婦二人でとなると、倍近い金額がかかるだろう。

全国的に増えているサ高住は、見守り型の高齢者向け賃貸住宅だ。家賃は一般の賃貸マンションより割高であるものの、バリアフリー設計になっていたり、生活相談員が常駐しているなど、高齢者向けに作られている。

ところが、よく内情を調べてみると、様々なデメリットが出てきた。多くの入居者に対して相談員が一名しかいない施設、認知症の入居者とのトラブルが絶えない施設、要介護度が上がると退去を求められる施設などもあるという。コンシェルジュの役割を果たすスタッフが最低一名常駐しているだけで、しっかり介護をしてくれるという施設ではないのだ。

一般社団法人高齢者住宅協会が公表している資料に、「サービス付き高齢者向け住宅　注意すべきポイント」として、サ高住で起こったトラブルが紹介されている。

〈もともと認知症があるのに入居時は問題ないと言われ入居。しかし、最近、住宅での対

応ができないと言われ転居を進められているとの相談があった。〉
〈住宅経営者だと思う職員から、私のことを「痴呆だからあんたとは、話が合わない。」「あんたに話しても無駄。」と言われている。さらに先日、清掃のサービスを一方的に導入すると言われた。説明を何度求めても、常にあんたは、痴呆と言われるから、話も聞いてくれない。「どうして、お金を払っているのに立場が弱いのか。現在の住宅に移ってから我慢している。年を取ったら言いたいことが言えないのか。どうしたらいいのか。」〉

もちろん、こうしたトラブルはサ高住に限ったことではないが、自由度が高いぶん管理の目が行き届かないのではないかと不安になる。また、食事や介護サービスは別料金というのが一般的で、結局は〝資金力〟がものをいう。

どういう施設が自分に合うか。どんな施設に親を入れたいかなどを検討する際、こうして複雑化された介護施設の情報を集める作業は、途方もない労力と時間がかかるのだ。

第二章　なぜ介護に金がかかるのか

「入居金に数千万、月々五十万」の現実

「介護はカネ次第。カネがなければいい介護は受けられない」

そう話すのは、五歳下の妻が特養に入居している八十代の金田慶次さん（仮名）だ。都内で暮らす彼は大手企業の社員として定年まで勤め、二人の息子は既に結婚して別々に暮らしている。そんな彼は現役時代、「老後は夫婦で悠々自適の生活をしてみたい」と夢見ていたそうだ。時間を気にせず旅をして、陶芸や長唄といった趣味も増やそうと考えていたと語った。

八十歳を前にした頃、老人ホームに入って映画や読書を楽しみながら、のんびりと暮らそうかと、夫婦で漠然とした構想を描いたという。その理由の一つは、子どもに迷惑をかけたくないということだった。介護で息子夫婦に苦労をかけたくないという親心から、お金で解決できるなら多少出費がかさんでも、施設でゆったり暮らす方がいいと考えたのだという。

しかし現実はそう甘くなかったと振り返る。

「最初は夫婦で都内の有料老人ホームに入居しようと、いろいろ探したこともありました。ちょっとした買い物にも行きやすい利便性のいい場所で、建物の設備も古くなく、できれ

ば眺望や環境がいい広めの部屋でのんびり暮らしたいと考えていました。しかし、希望に見合った施設は、私たち夫婦の予算を遥かに超えていました」

ネットやパンフレットで情報を集め、いい施設だと思った物件の詳細を更に調べてみると、入居一時金の高さに驚いたという。入居時に数千万円が必要な施設もあれば、月々の費用が二人で四、五十万円かかる施設もざらにあった。

「年金暮らしの私たちにとっては到底手が届かないものばかりです。私たちには老人ホームの入居なんて無理なのではないかと思っていたところ、妻が病に倒れて寝たきりになってしまいました。私も身体が悪いので、妻を誰かに介護してもらう必要が出てきたんです。そこでケアマネの方にも協力してもらい再び介護施設をいろいろと探したところ、予算の都合で結局、妻を特養に入れることにしました。最初に夫婦で夢見ていた優雅な老人ホーム暮らしとは相当かけ離れた現実を受け入れざるを得なくなりました」

特養は、さまざまな種類の介護施設の中で最もリーズナブルとされる施設だ。それでも家の財政状況を考えれば、妻を特養に入れるのがせいいっぱいだったと話し、こう続けた。

「私は賃貸マンションで一人暮らしをしていますが、妻の施設利用料として月に十五万円以上の出費があり、私の方も生活費の総額が数十万円かかる。年金暮らしの私たちにとっては厳しい生活です。貯金を取り崩しながら、今は何とかやっていますが、この先どうなるか不安しかありません」

金田さんが、「介護はカネ次第」と言ったのは、何も介護施設の入居費用だけに限ったことではない。例えば、介護サービスを受けるにも費用がかかり、公的な支援が受けられるサービスだけではなく、全額自費で賄わなければ受けることのできない介護サービスも多く存在するからだ。

デイサービスはいくらかかる?

介護の取材をしていると、離れて暮らす親にどのような介護を受けてもらうべきかという悩みをよく聞く。仕事が忙しく頻繁に実家へ帰ることができないという事情を抱える人は多い。

月：訪問リハビリ
火：デイサービス
水：訪問看護、掃除

木：ゴミ出し、洗濯
金：デイサービス

これは、私の母親を担当するケアマネが提案した一週間のスケジュール案だ。離れて暮らす両親に突然介護が必要になった際、親がどういう介護を受けたらよいのか相談したときのものである。ときどき誰かに親の安否や様子を確認してもらうため、複数の介護サービスを受けるスケジュールを組んでもらった。水曜日と木曜日は、ヘルパーや看護師が家を訪れ、火曜日と金曜日はデイサービスに通って機能訓練や入浴などをしながら一日を過ごす。土日以外は、社会との繫がりを持つことになり、親の見守りもできる。

これらは全て介護保険を利用しており、所得によって一割から三割の自己負担で実現できる。では、火曜と金曜に通うデイサービスはいくらかかるのか。次の数字は、都内のあるデイサービスのパンフレットに掲載されていた基本料金だ。

要介護１　７１４円
要介護２　８４３円

要介護3　977円
要介護4　1、110円
要介護5　1、245円

これは一割負担の場合の料金で、自宅からの送迎も含まれているという。この基本料金に加え、機能訓練を行うと「個別機能訓練加算」なる代金が加算、入浴すれば「入浴介助加算」代が上乗せされていく仕組みだ。加算される項目は他にも多くあり、中重度者ケア体制加算、サービス提供体制強化加算、若年性認知症加算、口腔・栄養スクリーニング加算などがある。さらに昼食代は普通食で一日あたり八百二十三円、対応食には九百二十五円が加算される。少なく見積もっても、およそ一日で二千円から三千円の自己負担になることが記載されている。仮に一日で三千円としても、週二回デイに通うと月額二万四千円の自己負担となるのだ。

デイサービスの他にも、こうしたサービスを利用する際は、一か月に使える介護保険の限度額が設定されている。厚労省のホームページによれば、「居宅サービスの一ヶ月あたりの利用限度額」として、要介護度に応じて次のように上限が設定されている。この金額のうち一割（一定以上所得者の場合は二割又は三割）が自己負担額となる。

要支援1　50、320円
要支援2　105、310円
要介護1　167、650円
要介護2　197、050円
要介護3　270、480円
要介護4　309、380円
要介護5　362、170円

介護保険でできること、できないこと

先ほどの一週間のスケジュールには、〝オプション〟として別の介護サービスを付け加えることも可能だ。全額自己負担のものもあるが、サービスを増やせば、より充実した一週間にすることもできる。

例えば、食事は高齢者用の「宅配弁当」を頼むと便利だ。宅配弁当には、さまざまな業

者があり、食卓に弁当を届けてくれるだけでなく、お茶まで入れてくれるという業者もある。今、私の手元にある宅配弁当業者のチラシには、〈お弁当屋の3分間サービス〉と題して、配達時に三分でできるようなことを行うと書かれている。服薬の声掛け、郵便物をポストから受け取る、電球の交換、電子レンジで弁当を温めるなどしてくれるそうだ。配達時に安否確認をしてくれるサービスもある。

また、弁当だけではなく、掃除や洗濯、調理補助や病院への付き添いなども、ヘルパーや、家事代行業者などに頼むことができる。

介護というと、介護する側、される側双方にとって、何かと暗いイメージが付きまといがちだ。しかし、介護サービスを駆使することによって、要介護者であっても、日常生活から趣味まで、充実した毎日を送ることは不可能ではない。

土日は趣味の美術館に出かけたいとか、遠くの公園を散歩したい、外食がしたいなどの希望があれば、付き添いサービスを提供している業者も実在する。

ただし、これら介護サービスの中には介護保険が適用されるものと、そうでないものが混在する。介護サービスの問題の一つは、こうした複雑すぎる制度にあるといえる。

介護保険を使って受けられるサービスには次のようなものがある。

介護保険でできることの代表例

●ヘルパーを利用した「身体介護」や「生活援助」 ●訪問リハビリ ●訪問介護 ●訪問看護 ●訪問での歯科診療 ●訪問入浴介護 ●定期巡回・随時対応型訪問介護・看護 ●デイサービス ●デイケア ●短期入所生活介護 ●家に手すりをつけるなどの「住宅改修」 ●通院、またはメガネや補聴器の購入のための介護タクシー利用

介護保険でできないことの代表例

●宅配弁当 ●子供と同居している場合の「生活援助」 ●ヘルパーによる金銭管理、同居家族を含めた食事の準備、草むしり、外食の付き添い、本人の部屋以外の掃除、美術館への付き添いなど ●訪問理美容 ●院内介助

例えば、ヘルパーを利用して、食事、入浴、排泄の介助や着替え、シーツ交換などをしてもらう「身体介護」。掃除や洗濯、生活必需品の買い出しなど「生活援助」も受けることが可能だ。また、訪問リハビリや訪問介護・看護、訪問での歯科診療、訪問入浴介護、定期巡回サービスや随時対応型の訪問介護や看護なども、介護保険の対象になる。先述したように、家に手すりをつけるなどの「住宅改修」に加え、デイサービス、デイケア、短期入所型のホームなども介護保険を利用できる。介護タクシーも通院であれば介護保険が適用され、メガネや補聴器の買い物も可能だ。

一方で、介護保険の対象外も多い。

「週に二日程度、介護保険を使って両親の宅

配弁当を頼みたいと思うんですが」

過去に私は、そうケアマネに聞いたことがある。するとケアマネは驚いた様子でこう答えた。

「宅配のお弁当に介護保険は使えないんですよ」

市区町村によっては給付金を支給している地域もあるが、基本的に宅配弁当の料金は自費で払うのだ。

宅配弁当の他にも、掃除や洗濯などの「生活援助」は、子供と同居している場合は対象外となる。金銭管理、同居家族を含めた食事の準備、草むしり、外食の付き添い、本人の部屋以外の掃除なども適用外だ。もちろん美術館への付き添いも、訪問理美容も介護保険適用外となる。

介護保険の適用外のサービスが必要であれば、自費で業者に頼むことになる。都内のある業者のホームページをみてみると、平日二時間の付き添い料金が、九千九百円から一万三千二百円と設定されていた。別の業者の外出支援サービスでは、一日八時間の外出に同行してもらうと、三万八千五百円から四万四千円かかるといい、これらは全て自費で支払うことになるのだ。

ちなみに歯科医に自宅や施設（一部施設は除く）に来てもらうと、居宅療養管理指導料などという料金が加算される。介護保険が適用されるとはいえ、結局は通院治療よりも高くつくケースが多い。介護タクシーでの買い物は、前述したメガネや補聴器以外は適用外。介護タクシーでメガネを買いに行き、完成までの待ち時間に隣の店で食品を買うのは不可となっている。このように、ルールがとにかく複雑なのが介護保険といえる。

介護保険で賄えるのは、あくまでも要介護者の最低限の生活を支援するサービスのみ。とはいえ、そこに適用外のサービスを組み合わせれば、充実した介護を実現することができる。ただし、それには途方もない金がかかる。どれだけ充実した介護生活を送れるかは、結局、資金力次第というわけだ。

増え続ける費用と負担

厚労省が二〇二三年九月に発表した「介護給付費等実態統計」によれば、二〇二二年度の介護保険の費用額は過去最高の十一兆一千九百十二億円にものぼることがわかった。介護保険の費用額とは、利用者の負担分も含めた介護保険の給付費のことだ。前年度と比べても一・五％増額しており、急速に高齢化が進む中で、介護サービスの利用者が増えていることがわかる。

約八百万人いるといわれる団塊の世代が、七十五歳以上の後期高齢者となる、いわゆる「介護の二〇二五年問題」を前に、介護保険の自己負担額を増加させる動きも出ている。実際に政府は、介護サービスを利用したときに生じる自己負担割合について見直す議論を進めている。これまで介護サービスの利用者は原則一割を負担していた。もちろん所得によっては二割負担、三割負担としていた基準があったが、今後は、一定以上の所得者には、これまでよりも多く負担してもらう「応能負担」をさらに進める考えだ。

さらに四十歳以上の会社員や公務員などが支払っている介護保険料も、今後さらに引き上げられるはずだ。

既に、高齢者が厳しい現実に直面していることがわかるデータもある。総務省の「家計調査報告2022年（令和4年）平均」によると、六十五歳以上の夫婦で無職世帯の可処分所得は、月に二十一万四千四百二十六円だという。可処分所得とは、収入から税金や社会保険料などを差し引いた手取り額のこと。この可処分所得の大半は年金だ。その金額に対して、消費支出は二十三万六千六百九十六円である。つまり約二万二千円の赤字となっている。

さらに、単身高齢者の無職世帯の可処分所得は十二万二千五百五十九円だ。これに対して消費支出は十四万三千百三十九円。こちらも約二万一千円の赤字である。

これらの高齢者に介護が必要になれば、さらに介護サービスの自己負担額がのしかかるのはいうまでもない。もはや、金がなくては満足な介護サービスが受けられない現実が訪れているのだ。

それだけではない。二〇二二年の厚労省の国民生活基礎調査によると、夫婦二人で同居する高齢者世帯の中で、介護する側とされる側が六十五歳以上という世帯は六三・五％にのぼる。二〇一九年の調査では五九・七％で、過去最高の数字となった。いわゆる「老老介護」が急増しているのだ。ちなみに、介護する側とされる側が七十五歳以上の割合も三五・七％と非常に高い。二人で介護施設に入居するケースや、一人が介護施設で、もう一人が自宅で介護を受けるというパターンも多く出てくるだろう。そうなると、介護にかかる費用が倍近くに膨れ上がるという非常に厳しい現実がある。

年金暮らしでは特養への入居すら厳しい

では実際、介護は月にいくらかかるのか。

生命保険文化センターという公益財団法人が公表している「生命保険に関する全国実態調査」（2021〈令和3〉年度）には、過去三年間に介護経験がある人の場合、費用がどのくらいかかったのかを調査したデータの記載がある。データによると、月にかかる介護費用の平均は八万三千円だというのだ。また、住宅改修や介護用ベッドの購入費など一時的な費用の合計は平均七十四万円（公的介護保険サービスの自己負担費用を含む）との調査結果も出ている。さらに、同調査によれば在宅介護の場合は平均で月額四万八千円、施設での介護は十二万二千円かかるそうだ。ただしこれは平均値であり、一つの参考例に過ぎない。都市部と過疎地では相場が異なるため、金額は大きく変わってくる。

もう一つ、参考になるデータがある。厚生労働省が公表している「サービスにかかる利用料」だ。例えば要介護5で、特養を利用した場合に、いくらかかるのかモデルケースが出ている。

例えば、ユニット型個室に入った場合は、月額で約十四万一千四百三十円かかるそうだ。その内訳は、施設サービス費の一割で約二万七千九百円、居住費が約六万百八十円、食費が約四万三千三百五十円、日常生活費は約一万円となっている。

一方、多床室を利用した場合は、月額で十万四千二百円。内訳は施設サービス費の一割で約二万五千二百円、居住費が約二万五千六百五十円、食費は約四万三千三百五十円、日常生活費が約一万円だという。食費を一食で五百円未満に抑えても、トータルで十万円以上はかかるのだ。ただし、こちらも都市部か地方かで金額は大きく変わるはずだ。また、最近は総額で二十万円以上かかる特養も出来ている。これまで取材してきた感覚だと、この厚労省のデータより、もっと費用はかかるはずだろう。いずれにしても特養でこの金額なのだから、有料老人ホームにはさらに多くのお金が必要になる。

ちなみに、国民年金の平均受給月額は約五万六千円と言われている。会社員が入る厚生年金の平均月額は、男性が約十六万三千円、女性は約十万五千円。年金暮らしの高齢者にとっては特養に入居することすら厳しく、有料老人ホームは夢のまた夢だということが分かる。

建設が相次ぐ〝超高級〟老人ホーム

一方、世間では今、ハイグレードな有料老人ホームの建設が相次いでいる。入居一時金だけで一億円を超す施設や、建物内に温泉があることをウリにする施設、有名ホテルが食事を提供するレストランを併設した施設など、〝高級〟をウリにする老人ホームが乱立しており、介護の二極化が進んでいるのだ。

関西地方のとある高級老人ホームを訪れたのは二〇二三年十月のことだ。自動ドアが開くと、高価そうな大きなシャンデリアが目に入った。床には大理石が敷き詰められており、厳かなクラシック音楽のBGMが流れている。左手のカウンターからスーツを着た女性コンシェルジュが「いらっしゃいませ」と声をかけてきた。

ここは関西でも有数の高級老人ホームだけあって、最もいい部屋は入居一時金だけで一億二千万円以上が必要だという。その他にも、毎月三十万円以上の家賃がかかるというのだ。高価なソファーが置かれたロビー、ビリヤード場、麻雀室、リハビリを行えるジムなども併設している。

館内のレストランは、天井が吹き抜けになっており、全体的にシックなデザインだ。中央にはグランドピアノが置かれ、天気のよい日にはテラス席で食事をとることも出来る。まるで都心にある高級ホテルのレストランといった趣だ。施設にはクリニックも隣接しており、一般内科から整形外科まで複数の診療科がある。

「ここは交通の便も非常にいいところが気に入っています」

そう話すのは入居者の男性（82歳）だ。駅前にあるため電車やバスの利用に便利で、時間のあるときはショッピングに出かけるのが楽しみだと語った。当然、この施設に入居する人のほとんどは富裕層だ。経営者や士師業などが多いという。入居率は高く、見学者も多いと施設関係者は話した。

高級をウリにする老人ホームは「自立型」が多い。入居条件について、七十歳以上で、要介護認定を受けていない人、としている施設が大半だ。比較的健康なうちに老人ホームに入居すれば、いざ介護が必要になった時、ホームでそのまま介護が受けられる。クリニックが併設され、医師や看護師が常駐している施設もあり、医療や介護の体制が整っているというのも高級老人ホームの特徴だ。

また、とにかく入居者を飽きさせない工夫が随所にみられる。様々なレクリエーションを用意、旬の食材を一流の料理人が調理していることをウリにした高級レストランを併設、時には施設のホールでクラシックのコンサートが開かれることもあるという。

さらに驚くのは、将来、こうした施設に入ることを決めている富裕層の中には、五十代、六十代のうちから手付金を支払って、部屋をキープする人までいるという。都心では入居一時金だけで三億円、四億円といった〝超〟がつくほどの高級老人ホームもある。ある高級老人ホームの担当者によれば、一般的なサラリーマンの入居者はほぼいないという。当然だが、高級をウリにする老人ホームは、これから老後を迎える富裕層をターゲットとしている。そのため施設の調度品からスタッフのマナーまで細心の注意を払い、ホテル以上のサービスを目指していると語った。

陽当たりがよく、テラスからの景色がいい部屋。ちょっとした力仕事が必要になれば、すぐにスタッフが駆けつけてくれる。毎日のように施設内の温泉で寛《くつろ》ぎ、体調に異変があれば、常駐している看護師が即対応をしてくれる。家族や孫など、急な来客があった時はレストランで特別料理まで提供してくれるなど、至れり尽くせりのサービスが受けられるのだ。

トータル金額の試算は不可能

こうした超高級老人ホームは特別だとしても、入居一時金が数千万円という施設は全国的にかなり多い。

「結局、老人ホームの値段なんて誰もわからないんですよ」

そう話すのは、八十二歳の近藤明さん（仮名）だ。この男性は、かつて何件もの老人ホームを見学し、入居を諦めたという。

「老人ホームは、最終的に総額でいくらかかるのか、明確に金額が示されていることはありません。これまでいろいろなホームを見比べましたが、いいなと思った施設は、だいたい入居金が二千万円前後でした。しかし、この金額だけをみて、高いか安いかの判断はできません。実際に入居した日数によって、退去後に入居金を返金してくれる施設もあります。夫婦で入居する際は二倍の入居金を取る施設もあれば、一・五倍でいいですよという施設もある。また、一般的には入居金が高いほど月額の費用が抑えられているので、どのくらいの期間入居するかによって、金額はぜんぜん違ってくるのです」

近藤さんのいうように、トータルでいくらかかるのかは人それぞれだ。では、そのトータル金額を自らで試算することはできるのか。

「できません。トータルの金額を試算するには、自分は何歳で寝たきりになり、何歳で死ぬのかをシミュレーションする作業が必要ですが、そんな不確実なことはわからない。また多くの施設は、介護が必要となった際には介護用の部屋に引っ越しをしなければなりません。入居した当初の自室で死ぬまで介護を受けられる施設はほとんどないのです。途中で引っ越しが必要になれば、月額費用も変わってきます。

さらに、死ぬのを看取ってくれる施設もあれば、看取りはしないと明記している施設もある。夫婦で入居した場合、自分が先に死んで妻が長生きするというケースも出てくるでしょう。そうなると今度は妻が何歳で寝たきりになり、いつ死ぬのかを考える必要も出てくる。トータル金額を試算するという作業は、こうした暗い話をシミュレーションする作業であるし、不確実な要素をあれこれ考えても意味がないと思うのです」

景観や食事が期待外れの施設も

また、近藤さんが老人ホーム探しをしていたときに違和感を覚えたのが、大袈裟な広告やパンフレットだという。

「パンフレットで見たイメージ写真に魅《ひ》かれて、実際に見学にいくと、全然違うということもよくありました」

綺麗な建物で眺望もいいと思ったものの、実際に見に行くと老朽化が進んでいたり、眺望がいい部屋は最上階の南側のみで、あとは向かいの建物しか見えないという施設もあったという。特に施設がウリにしていた大浴場が、意外と狭いうえに全体的に薄汚れた感じで、がっかりした経験があると話した。

高級老人ホームで勤務経験のある職員はこう話す。

「高級感をウリにしている施設は、他と差別化するために、何か大きな特徴を前面に出して入居者を集めています。例えば大浴場、館内のレストラン、医療体制などをウリにしている施設が一般的です。私が以前勤めていた施設も、高級レストランをウリにしていましたが、綺麗なのは店構えだけ。実際に出しているのは、ゴムのような中国産ウナギだったり、冷凍食品だったりと、働いている私たちも酷いなと感じていました。入居者の方は、レストランで提供する料理がおいしくないことに気づいているのだと思いますが、そうしたことは見学者の方にはわからない。見学しても施設の良し悪しは見抜けないので、広告やパンフレットのイメージを鵜呑《うの》みにしない方がいいと思います」

「老人は歩くダイヤモンド」

介護保険の給付費が二〇二五年には二十一兆円へ。コンビニ業界の市場規模は十兆円、家電・小売業界は九兆五千億円だから、それだけ介護は魅力的なビジネスになる――。

これは、ある介護事業者の起業説明会で用いられる営業トークの一つだ。同社は、小規模なデイサービスを全国に展開するフランチャイズ事業を手掛けている。民家を改装して介護スタッフを雇い、お年寄りに日中、そこで過ごしてもらうという事業だ。筆者が手に入れた同社のパンフレットには、こんな記載がある。

〈月間利益は約80万円です。1日平均9・5人の利用者様を確保した場合、月額約100万円の収益も可能です〉

この金額が魅力的かどうかは別として、そんな謳い文句で、脱サラした個人事業主や中小企業の経営者などに、フランチャイズへの加盟を促している。

介護業界への参入は比較的簡単だといわれる。デイサービスや訪問介護、介護用の宅配弁当など、介護の資格や経験がなくとも、個人で起業できる業種はいくつもある。また、大手飲食会社や、大手警備会社など、大企業が介護事業に参入していることは有名だ。ワタミも介護付き有料老人ホームに参入したことがあるが（後に撤退）、こうした大企業だけでなく、パチンコ会社から魚の仲卸し業者まで、あらゆる異業種が介護業界への参入と撤退を繰り返している。

「老人は歩くダイヤモンド」

二〇一二年の夏、ある広告会社の社長が私に、そう話したことがある。東北地方で介護施設を手掛けている知人が、老人相手のビジネスは儲かると語り、老人をダイヤモンドと表現していたそうだ。この介護事業者の本業は不動産業で、多角化経営の一環として小規模のデイサービスを数店舗経営しているという。今後も事業を拡大していく予定だと嬉しそうに語っていたというのだ。

「介護ビジネスは、入金元が自治体や都道府県の国保連（国民健康保険団体連合会）だから、民間対民間で行う商取引に比べて、確実に収入を得ることができる〝オイシイ商売〟。しかも他の介護関連業者と組んで、住居から食事、それに医療まで、高齢者の生活を丸ごと囲い込める。小さな石ころが大きな価値を生むから、まさにダイヤモンドみたいだというわけ」（広告会社社長）

まるで高齢者を食い物にするような例えだが、介護業界には、こうした経営者が一定数いるのも事実だ。

介護保険の給付費は年々増加傾向にある。厚労省の「介護保険事業状況報告」などをみても、二〇二二年度の給付費は十一兆円を超えている。

そして介護業界は主に、営利企業や医療法人、社福（社会福祉法人）によって支えられている。

厚労省がまとめた「開設（経営）主体別事業所数の構成割合（詳細票）」（平成29年10月1日現在）によれば、訪問介護事業者の約六六％は、営利企業が運営している。福祉用具の貸与や販売の事業に関わる者の九〇%以上が営利企業だ。特養と呼ばれる介護老人福祉施設は、約九五%が社福の経営。公益性の高さから、社会福祉法において、原則的に国と地方公共団体又は社福が経営すると決められているからだ。老健(介護老人保健施設)は、医学的管理の下における介護やリハビリを行うという性質から、七五%が「医療法人」の経営である。

また、介護の問題に直面したとき、最初に相談する地域の包括は全国に五千三百五十一か所(令和3年4月末現在)あるが、このうち市区町村が運営しているのは二〇・五%に過ぎない。それ以外は「委託」という形で民間事業者などに運営を委ねているのだ。

介護ビジネスは儲かるのか?

では実際、介護ビジネスは儲かるのだろうか。二〇二二年六月、ある医療法人が運営する大阪府内の老健を訪ねてみた。老健とは、要介護者が自宅で介護を受けながら生活できるようになるまでの間、リハビリなどを行いながら生活する宿泊型の介護施設を指す。

電気が消えた薄暗い個室に入ると、正面に窓、右手の壁側には大型のテレビが置かれていた。

「うちは、各部屋にトイレもついています」

そう言いながら、この施設の責任者・坂本浩二さん（仮名）は、部屋のカーテンを全開にして、「どうぞ、自由に見てください」と促した。

八畳ほどの室内の左手には介護用ベッドがあり、先ほどまで部屋の主である高齢者が寝ていたのだろうか、ベッドの上には、皺になった枕と丸まった掛布団、それに使いかけの箱ティッシュが無造作に置かれたままになっていた。

老健の入居費用は、さまざまな種類の介護施設の中でも最も安価とされる特養に次ぐほどの安さで、比較的利用し易いと言われている。例えば、この施設でかかる費用は、食事代などが込みの個室で、月額十万円前後だという。

ただし利用期間が限定されており、この施設の場合は最長三か月間しか利用できない。老健は病院を退院後、居宅介護を目指してリハビリをする要介護者のための施設だからだ。ところが利用者の実態としては、特養に入居するための順番待ちをしている者が、一時的に入居している場合も多いという。

この老健は、一階の駐車場に介護用の送迎車が数台停車していなければ、外観は少し高級な分譲マンションと見間違えるほどだ。建物もよく掃除が行き届いているようで、清潔感がある。

坂本さんが働くこの老健の経営母体は医療法人だ。なぜ、株式会社ではなく、医療法人なのか。

「経営しているのが医師だからですよ。元々病院を経営しており、この施設もリハビリを主としています。また、医療法人だと医師の節税になり、相続対策ができる利点もあるんです。新しく分院も設立でき、介護事業にも進出できるため、経営面でもメリットがあるからです」

事実、同法人は関西地方の広い範囲で病院、老健、デイサービス、サ高住、グループホームなど、複数の介護施設を手広く経営している。

人件費を削って利益を出す

高級マンションのような老健を見学しながら、坂本さんにこう切り出した。

「介護ビジネスって、やっぱり儲かるんですか?」

すると彼は手を左右に振りながら、「全然儲かりませんよ」と笑った。ただし、それは「真面目に介護事業を運営した場合の話」だと付け加え、こう続けた。

「介護保険の中で要介護者が使えるお金は決まっています。『要介護5』なら月額いくらまでと、要介護度にあわせて上限が決められているため、介護事業者からみたら、儲けようと思っても売上額を制限されているようなものです。それに、うちの例でいうと人件費が総売上の七〇％を占めています。ここ数年、ガソリンや食材費の高騰で、さらに利益を圧迫していますから、商売として考えるなら、儲かる業種ではありません」

彼の説明によれば、例えばデイサービスのような規模が小さな施設ほど、売上に占める人件費の比率は高くなる傾向にあるという。

しかし、前述した通り、老人を「歩くダイヤモンド」などと呼ぶ業者もいる。そこで、坂本さんに、「介護で大儲けするためには、どうすればいいのか」と質問してみた。

「施設に金をかけず、人件費を極端に減らせば儲けは出ます。たとえば、利用者三人に対して常勤の介護職員または看護師が最低一人いなければならないなどと厚労省が定めた人員配置の基準があります。ところが、きちんと介護をしようと思うと、厚労省が決めた最低必要人数では全然手がまわらないのが実情です。人員を基準以下にし、老朽化した建物や設備をそのままにして利益を出している施設もあると言えるでしょう。

ちなみにうちは、厚労省が定めた最低人数よりも人を増員して対応しています。しかし悪質な施設の中には、清掃員として雇った人を書類上、介護スタッフとして数え、人数の帳尻を合わせているところもある。行政がスタッフ一人ずつと面談して職務内容を確認するわけではないので、バレないのです」

坂本さんの話からは、介護保険制度の枠組みと、事業運営の現実の間に大きなギャップがあることがわかる。質の高い介護を提供しつつ、経済的に持続可能な事業運営を行うことが困難であるなら、現行制度の見直しが必要ではないのか。

第三章　虐げられる老人たち

「バレないから」と骨折を放置

「私なら絶対、こんな施設に入らない」

そう話すのは関東郊外の特養（特別養護老人ホーム）で働く上田康子さん（仮名）。特養とは、日常生活において介護が必要な高齢者を対象とした介護施設のことをいう。五十代の彼女は、これまで複数の介護施設に勤務してきたベテラン介護士だ。

「介護の世界は本当に酷いですよ」

上田さんがそう話す理由の一つが、高齢者に対する〝虐待〟だ。

東北地方出身の上田さんは約二十年前から介護業界で働き始めた。以前は、派遣会社に登録して北関東のサ高住（サービス付き高齢者向け住宅）で介護士として働いていたという。現在の職場も正社員ではなく、所属元は派遣会社だ。その派遣会社と二か月ごとに契約を更新する雇用形態だと話した。

介護業界に失望している彼女は、以前の職場での体験をこう振り返る。

「ある日、夜勤をしていたとき、夜中に入居者さんが部屋の外を歩いていて、怪我をしたことがありました。私たちが目を離した隙に、エレベーターホールで転倒してしまい、腕が変な方向に曲がってしまったんです」

騒ぎに気付いて駆け付けた上田さんは慌てて、「すぐ救急車を呼びましょう」と古株の女性介護士に言ったが、それを拒まれたというのだ。そして古株の介護士は上田さんに、こう言い放った。

「この人は認知症だから大丈夫」

大丈夫とはどういうことか。一瞬、言葉の意味を理解できなかった上田さんだが、古株の介護士の次の一言で、全てを理解し失望したという。

「本人は怪我をした状況も忘れるだろうから、室内で勝手に転倒していたことにすれば大丈夫」

大丈夫なのは、入居者の怪我の状況ではなく、事故が起こったことはバレないだろうという意味だった。事故を隠蔽することで、責任を取らされなくて済むという、自分たちの保身に過ぎなかった。

結局、救急車を呼ぶこともなく、入居者は自室に連れ戻されたという。だが翌朝には、腕がパンパンに腫れあがっていたそうだ。そのため、午前中に病院へ連れて行くことになり、そこで骨折をしていることが判明した。

「ちょうどコロナ禍で面会の制限をしていたので、家族の目もありませんでした。それをいいことに、夜中に部屋で転び、自分でベッドに戻ったみたいだと嘘の報告をして、事情を知る他の職員も、みんな知らないふりをしていました」（上田さん）

虐待というと、介護者が単独で行っているのだろうと勝手なイメージを抱いていた。ところが上田さんの証言を聞くと、虐待が組織的に行われていることがわかる。現場の介護職、その上司や施設の責任者までもが虐待に関与していたのだ。

利用者を足で蹴とばす

さらに、この施設で上田さんが目撃した虐待は他にもあるという。彼女は、若い男性介護士による暴力行為も目にしたことがあると明かしたのだ。

例えば——。おむついじりを防ぐための介護用つなぎ服というものがある。服の上下が繋がった形状の介護用つなぎ服は、やむを得ない場合を除いて原則使用が禁止されている。上田さんの施設ももちろん使用が禁止されていた。利用者の身体拘束に繋がるからだ。そうした運用のルールを無視して、若い男性介護士が許可なく利用者につなぎ服を着用させていたというのだ。

そうした行為自体、虐待にあたるが、この男性介護士は、さらに驚くべき暴挙に及んでいた。

　上田さんが続ける。

「ある日の夜、その男性の介護士が薄暗い部屋で、利用者さんを冷たい床の上に寝かせていたんです。そして……」

　男性介護士はつなぎ服を着せるのに手間取っており、イライラしていたのだろうか。横たわっている利用者を足で蹴とばしたというのだ。

「ちょっと、今、何したの!?」

　偶然、その瞬間を目撃した上田さんは、驚きながらも男性介護士を問い詰めたが、逆にこう凄まれた。

「虐待じゃないよ。周りも、みんなわかっているから、何も言わない方がいいよ」

　どんな理由があるにせよ、こんなことが許されるはずはない。そう思った上田さんは後日、施設の本社と県に通報の電話を入れた。いつ、誰が、何をしたか丁寧に伝えたが、本社や県の職員から、証拠はあるのかと問われ、何も答えられなかったという。その瞬間を録画していたわけでもなかった。結局、県から情報提供を受けた市が施設へ聞き取り調査を行ったが、この施設には何のお咎《とが》めもなかった。それどころか、施設は通報した上田さんを事実上の〝クビ〟にしたという。

「私は見たままを伝えましたが、その後、市がどういう調査をしたのかはわかりません。恐らく、この施設では虐待はなかったという結論になったのでしょう。私は派遣だし、『辞めてくれ』と言われても全然平気。そんな職場に何の未練もありませんよ。また別の施設に転職すればいいだけですから」(上田さん)

彼女の証言は、介護施設内での虐待が見過ごされやすく、実効性のある監視体制が整っていない現実を示している。

高齢者への虐待は過去最多に

二〇二二年十二月、厚労省は高齢者に対する虐待の状況をまとめた調査結果(令和3年度)を公表している。その結果によると、二〇二一年度、介護老人福祉施設などの介護従事者による高齢者への虐待の相談・通報は二千三百九十件もあった。その中で実際に行政から虐待と判断されたケースは七百三十九件にものぼり、前年度と比較して二四・二%も増え、過去最多となった。

この厚労省の公表結果を受けて、当時の毎日新聞(二〇二三年十二月二十六日)は、虐待が増えた背景について介護事業所職員の「新型コロナウイルスへの感染防止対応などによるストレスの可能性」などと報じていた。

　だが、本当にそうだろうか。虐待と無縁の心ある介護職員にも、コロナのストレスくらいはあるだろう。私が取材をした介護職員は、「それならコロナが収束しつつある今、虐待が減ったかといえば、そんなことはないはずだ」と話し、こう続けた。

「表沙汰にならないケースも含めれば、コロナに関係なく、今も昔も多くの虐待が行われています。年々、虐待の相談や通報の件数が増えているのは、メディアの報道などにより、介護職員や利用者の家族の意識が変わってきたからでしょう。虐待に対する監視の目が厳しくなり、表面化するケースが増えたのだと思います。一方で、表沙汰にならない虐待も、まだ数多く存在しています。施設の中だけで処理してしまったり、介護士同士で見て見ぬふりをすることも多々ある。誰も見ていない場所で認知症の方に暴力行為を働く介護職員だっているでしょう。介護施設や職員による虐待隠しは、今後もなくならないと思います」

「うちの施設は動物園」

「夜中にハサミを手に持って『殺してやる！』と叫ぶ女性を見たときは、本当に怖かったですよ」

そう話すのは、関西の社会福祉法人で働く介護士の丸山良子さん（仮名）だ。五十代の彼女は、この法人が運営する特養で夜勤専従職員として勤務している。そんな彼女に職場の様子について質問すると、いきなりこんな答えが返ってきた。

「うちの施設は、はっきりいって動物園です」

一体どういう意味なのだろうか。

丸山さんの持ち場は、ユニット型と呼ばれている居室だ。一つの共用スペースを十の個室が取り囲むような構造になっており、それを一ユニットとして数えている。この施設には、こうしたユニット型の部屋に、比較的重度の要介護者たちが入居しているという。

「とにかく施設は人手不足だし、資材も備品も足りていません。夜中は二つのユニットで、合計二十人を私が一人で見ています。深夜に奇声をあげる人、徘徊《はいかい》する人、何度も呼び出す人などが多く、朝番の交代要員が来るまでは休む間もありません。もちろん他の施設でも、そうした利用者様がいらっしゃることは珍しくありません。ただこの施設は想像以上に大変です。夜になると自分の便を壁にベタベタとこすり付けてしまう人、どこから入手したのか、キッチン用のハサミを持ち出して、訳がわからないことを叫びながら施設内を歩き回る人など、とにかく凄い状況なんです」

そんな労働環境でも、介護スタッフが増員されることはないという。丸山さんによれば、同施設の他のユニットも同じような状況だそうで、こうした状態の入居者二十人を夜間に一人でケアすることは「ベテランでも絶対に無理です」と断言した。

無理であるなら現場ではどうしているのだろうか。丸山さんに質問すると、優先順位をつけ、放置できるものは放置するしかないと語った。

「利用者様には申し訳ないのですが、十分なケアなんて考えていられないというのが本音です。私たちにとって最も重要なのは、事故がなく朝を迎えて、早番の介護士に引き継ぐことです」

問題は介護する側にあると丸山さんは指摘する。

「うちの施設長は、とにかく職員に対して威張り散らしているしケチなんです。表向きは『入居者様のために』と言っていますが、内実は全くかけ離れています。まだ新しい施設にもかかわらず、ブレーキやアームが壊れた旧式の車椅子ばかりだし、おむつや介護用の吸収パッドは、いつも不足している。パッドが足りないと事務係に請求しても、『もう今月は百万円も使っているから、パッドはありませんよ』と。それなら汚れた衣類を洗濯しましょうかと提案しても、洗濯は業者に任せているから余計なことはするなといい、洗剤もくれません。そうなると、おむつ交換の回数を減らすしかないんです。また、寝たきりの方がたくさん入居しているのに、寝台浴の設備がないために、シャワーしか使えない利用者様がいる。挙げればきりがありませんが、介護が必要な入居者様のお世話をして給与を頂いているという意識が欠落しているんだと思います」

ちなみに、この施設長は、スタッフたちに「私は元国会議員秘書だ」と話し、自分には力があるんだと虚勢を張っているそうだ。スタッフには「いつでもクビにできるんだぞ」と凄み、どんな施設運営をしていても、「俺が政治力を使えば、国や行政から指導を受けることなんてない」などと話していたという。

「いつ誰の秘書だったのかは、はっきりと聞いたことがないんです。もはや彼の経歴が事実かどうかには興味もありません。ただ、そんな人物が施設の責任者では、まともな経営なんてできるはずがないですよね」

そう話す丸山さんは、入居者に出す食事が毎回似たような冷凍食品ばかりで可哀そうだという話や、常勤のナースの仕事ぶりがいい加減で介護士との人間関係に深い溝ができていること、職員にコロナの濃厚接触者が出ても幹部はスタッフや利用者に一切報告しない隠蔽体質があることなど、介護する側に様々な問題があると口にした。

それらが事実であるなら、酷い介護施設に対して多くの苦情が来ていてもおかしくはない。入居者や家族から、どれくらいクレームが来るのか聞いてみると、こう続けた。

「うちの施設は入居前に利用予定者や家族と会って、どの程度介護が必要で、どういう性格の人物かなどを把握する実調（実態調査）を、まともにしていないんです。ですから、暴れる人、非常に手のかかる人、問題行動を頻繁に起こす人などが多く入居しています。今はコロナで面会制限をしていることもあり、入居者家族はそうした施設内部の状況はわからないのだと思います。それに、施設に預けたきりで面会にはほとんど来られない家族が多い。当然、施設長を始めとした幹部は、家族に対する愛想だけはいい。だから、こんな酷いことになっているなんて、ご家族は想像もされていないのでしょうね」

このような利用者の権利と尊厳を尊重する意識改革が必要な施設は、数多く存在するのだ。

施設長の指示で虐待を行う

〈東京 東村山の高齢者施設で職員が入所者に虐待 都が処分〉

こんなニュースが新聞やテレビで報じられたのは二〇二二年六月十六日のこと。介護に関心がなければ記憶にも残らないような報道かもしれないが、当時、ある介護関係者から、この施設が首都圏で最大級の規模を誇るサ高住だと聞き、施設の実情を調べてみることにした。

事件があったサ高住のホームページによると、居室は全百五十六室と大規模だ。家賃は四万九千円で、一見すると安いと感じる価格だが、家賃に加えて共益費や食費、消耗品費なども合わせると、おおよそ九万一千円から十三万六千六百円かかるそうだ。当然こうした費用は介護保険の適用外であるため、基本的には全額自己負担となる。それでも、都内の相場からみれば、良心的な価格帯といえるだろう。

取材当時、約二年前にオープンしたばかりの同施設は、「敷金0」「全室安心の見守りシステム 365日24時間職員常駐」を謳って入居者を募集していた。

施設と同じ建物内には、訪問介護事業所が併設されており、居住者の介護サービスを同事業所が担っている。例えば、同事業所に所属するヘルパーが、居室で介護サービスを行

ってくれる。クリニックやデイケア棟も完備されており、

〈「これからの暮らし」を敷地全体で支えます〉

などと宣伝されていた。充実した設備が整うこの施設で暮らせば、安心して第二の人生が送れるはずだと思うだろう。終《つい》の棲家《すみか》として選ぶ人もいるはずだ。

ところが実態は酷いものだった。この事業所では、二〇二一年の九月から十月までの間、八十代と九十代の入所者二名に対して、夜間、部屋から出られないようにドアノブを外側から固定していたのだ。また、別の入所者三名に対しても、水を飲めないようにするため、数日間にわたって水道の元栓を閉めるなどの虐待を行っていたというのである。

驚くことに、こうした虐待行為は、当時の施設長の指示だったといい、組織的に虐待が行われている可能性が明らかになったのだ。

この施設が行ったのは、虐待行為だけではない。介護保険の不正請求に加え、行政への虚偽報告なども行っていたというから、非常に悪質である。

都は、同施設に対して二〇二二年十月一日からの三か月間、利用者の受け入れを停止するよう処分を下した。

実は介護事業者の細かな情報は、各都道府県のホームページなどから、ある程度知るこ

とができる。都道府県のホームページから「介護事業所検索」をかけると、事業所の概要が記載されているのだ。この施設の記載内容を見た元介護職の男性はこう解説する。

「問題となった東村山の事業所に所属するケアマネは、九三％の利用者に対して自社の訪問介護サービスを受けさせており、これは異常なほど高い数字ですね。つまり、組織ぐるみで利用者の〝囲い込み〟を行っていたということがわかります」

さらに、ある程度大きな規模の施設ではサービス提供責任者（サ責）が数名配置されるのが標準的だ。サ責とは、介護サービスの調整役のこと。例えば、ケアマネが決めたケアプランに基づいて訪問介護計画を作成したり、利用申込みの調整、利用者の状態変化やサービスへの意向の定期的な把握などが主な職務だ。介護福祉士や、実務者研修修了者、旧介護職員基礎研修修了者など、一定の有資格者がサ責となり、訪問介護員等のうち利用者四十人に対して一人以上配置しなければならないなどの決まりがある。

東村山の施設の例でいえば二〇二一年度、四名ものサ責が退職したことが都のホームページからわかる。短期間でサ責が入れ替わるのは、組織に何らかの問題があると推測できるという。

「東村山の施設について都のホームページを見ると、そもそも七十八人の利用者に対して、常勤の介護職が十一人となっています。その全員が『専従』ではなく、事業所内で他の職種にも就いている『兼務』と記されており、実態は職員が不足しているのでしょう。前年度に訪問介護職員を八人採用し、同じ年度に八人が退職していることからも、適正な運営だったとは思えない」（同前）

実際のところどうなのか。東村山の施設を運営している事業者に詳しい話を聞こうと電話をかけてみたが、電話口の職員は「担当者が不在」だといい、帰社時間も「わからない」と答えた。改めて文書で質問状を送ったが、回答はなかった。

入浴のタオルの使いまわし

バレていないだけで、被害を受けた高齢者はもっとたくさんいるかもしれない――。報道を見て、私はそう思った。また、三か月の利用者受け入れ停止だけという処分内容も、甘いのではないかと感じていた。

この事件を業界ではどう受け止めているのか。前出の元介護職の男性は、「許せない」と憤っていたが、同時にこう話した。

「残念ですが、こんな施設は他にも結構たくさんあると思います。処分内容は他の問題施設と比較しても平均的なものでしょう。そもそもサ高住は要介護度が低めの方が入居するための施設です。比較的、介護に手がかからない利用者が入居するため、経営側も最小限の介護士で回そうとし、虐待を生む要因となっている」

一方、サ高住には要介護度の高い人の入居も増えているという。

「中には重度の認知症を患っている方や、介護職員に暴言や暴力を振るうような、いわゆる〝手のかかる〟利用者もいる。経営者は空室を埋めたいため、要介護度の高さを無視して利益優先で入居させてしまうのです。手のかからない入居者が暮らすはずのサ高住が、実態は正反対というケースも多い」（同前）

そうなると当然、現場の介護士の手が足りなくなる。東村山のサ高住のケースでも、夜中に勝手に徘徊してしまう利用者がいると、他の利用者の介護が手薄になるため、部屋の中に閉じ込めておこうとしたのではないか。

「頻尿の方が水を大量に飲めば、おむつ交換の頻度も増えます。水を飲ませなければ、おむつ交換の回数を減らせるという発想から、水道の元栓を閉めたのかもしれません。こうした行為は明らかな虐待で決して許されることではない。しかし現実には、忙しさのあまり介護士の感覚も麻痺していき、自分でも意識しないまま虐待行為を行ってしまうという

話はよく聞きます」（同前）

前出の介護士、丸山良子さんは、介護施設で起こる虐待についてこう話す。

「以前勤めていた職場でも虐待はありました。入浴介助の際、認知症の方や、クレームを言えないような方に、一枚のタオルを三人で使いまわしていたんです。順番が後の方は、濡れたタオルで身体を拭かれるので、冷たがっていました。バスマットを交換する回数も減らしていたので、後から使用する方は足元が冷たい」

虐待には暴力などの身体的なものだけでなく、心理的・経済的なものまで含まれ、その程度もさまざまだ。こうしたタオルの使いまわしも明らかな虐待といえる。

「施設では総責任者が度々現場を見回って、無駄がないかチェックしていました。備品を使い過ぎだとか、何か気に食わないことがあると職員に怒鳴り散らし、『明日から、もう来なくていいから』と脅す。タオルの使いまわしも、こうした経営側の過剰な経費削減が原因で行われていました。不思議なことに、スタッフも次第に感覚が麻痺していく。これは虐待ではないかと疑問に思わなくなっていくんです」（同前）

衛生管理ゼロのデイサービス

「都内のある施設では杜撰《ずさん》な衛生管理が横行していました。既に私は施設を辞めて別の職場で働いているのですが、この施設がいかに酷い実態だったかを情報提供させていただきます」

そう明かすのは、都内のデイサービスで鍼灸師《しんきゅうし》として働いていた竹山悟さん（仮名）だ。

二〇一八年の介護報酬改定で、鍼灸師も機能訓練指導員として介護施設で働けるようになった。機能訓練指導員とは、「日常生活を営むのに必要な機能の減退を防止するための訓練を行う能力を有する者」を指す。理学療法士、作業療法士、看護師などがそれにあたり、介護施設で利用者にあった機能訓練の計画・実施・評価を行う専門職だ。デイサービスなどの介護施設では、この機能訓練指導員を配置する決まりになっている。介護人材の不足を少しでも補おうと、新たに鍼灸師も機能訓練指導員になれることが決まったのだ。

竹山さんが働いていた施設は、マシンを使った機能訓練をメインとする高齢者施設だったという。

「社長が鍼灸師の同施設では、利用者にサービスとして鍼《はり》治療を行うことをウリにしていました。そんな職場で働くことになった私が見たのは、介護施設としてはありえない光景でした。鍼治療が終わり抜鍼をする際は通常、抜いた鍼や患部を消毒した綿花を置くためのシャーレと言われる鍼皿を使います。社長はそれを使用せず、手指の間に挟み持ち歩くことがしばしば。使用済みの鍼や血のついた綿花、ディスポ鍼といわれる使い捨ての鍼に付属するゴミが、翌日まで床に落ちていることもありました。

もっと酷い場合は、未使用の鍼が入った箱の中や、未使用の消毒用綿花を入れた瓶の中に、使用済みの鍼が捨てられていた。テーブルの上に無造作に何日も放置されていることもありました。引き出しの中にも、血液のついた鍼や綿花を捨てており、何か月も放置したまま。全てが杜撰で非常に不衛生な施設でした」

竹山さんが特に危険視したのは感染症のリスクだった。

「施設内では履物を脱いで裸足となる利用者様もいるため、鍼が刺さる事故や感染のリスクがあります。C型肝炎の罹患者も鍼施術を受けており、時には出血もする。社長はケアマネさんが書いた書類にも目を通さないことが多いため、感染症の罹患者かどうか確認したうえで施術しているかも疑問でした。これまで何度も口頭で改善を求めましたが、『気づいたら自分で捨てなさいよ！』と逆切れするだけ。危険であるという認識もなく、改善されない日々が続きました」

ある時は、足元に鍼が落ちていたと利用者から指摘されたこともあった。「指摘されると社長は、席に座ったまま『落ちてました?』の一言だけで、謝りもせずスタッフに拾わせました」

竹山さんによれば、この施設では施術用のベッドがあるにもかかわらず、他の利用者が往来する場所に置かれた椅子に利用者を座らせ、施術を行うこともあるという。鍼が刺さった利用者の後ろを、足元がおぼつかない高齢者が通るという危険な場面に何度も遭遇したといい、安全面での配慮にも欠けているという。

「施設の非常口は、重い電療機器などの荷物で常にふさがれており、これが介護や医療に従事する会社なのかと驚くばかりです。社長は二十年以上にわたり鍼灸院を経営しているのですが、私に『医療用品の廃棄物を引き取ってくれる業者を知らないか』と聞いてきたことがあります。これまで一体、廃棄物をどう処理していたのか疑問です」

暴力などの直接的な虐待を行っていないからといって、その施設が一〇〇%安全だとは言い切れない。衛生・安全管理が杜撰な施設では、いつ利用者に被害が及んでもおかしくないだろう。

利用者をバカにするスタッフ

福岡県にある社会福祉法人に勤める男性と連絡を取り合ったのは二〇二三年三月のことだ。この社福は地元で、認知症の方に対応したグループホームや、知的障害者の支援施設などを手広く運営している。

情報提供者は今も施設で働いている小島孝雄さん（仮名）。週刊文春に連載された介護に関する私の記事をみて、「うちの施設の内情も知って欲しい」と、私にコンタクトを取ってきたのだ。

「七夕の制作物として利用者さんと支援員が一緒になって短冊を書いたんです。そこに好きな言葉や食べ物などを書き込んで、最後に写真を撮るんですが、その内容を見てぎょっとしました」

ある利用者が制作した短冊には、手書きで「おっぱい」と書かれ、別の利用者のそれには「はは～ん」などと書かれていたというのだ。さらに短冊と一緒に、書いた本人の写真を支援員が喜んで撮っていたという。もしも自分の親が認知症になり、家族の知らないところで職員たちにバカにされ、笑われるような仕打ちを受けていたらどうだろうか。これは、明らかに虐待だといえる。

こうした支援員が働いている施設であるため、暴力的な虐待行為も日常的に行われているようだ。小島さんはこう続ける。

「食事介助の声掛けに応じなかった利用者さんに対して、頭部や身体を叩き、食事を中止して料理を廃棄してしまうスタッフもいました。車椅子の利用者さんに歩行介助を行わず、廊下を這って浴室に来させた場面も見ました。入浴の際に声掛けに応じないからと、髪の毛を引っ張って浴槽から引き上げたり、冷水を浴びせることもあります。施設での起床時間は午前七時ですが、スタッフの人手が足りず、排泄支援、血圧測定、塗り薬の塗布などが必要な利用者さんは、スタッフの勝手な都合で六時前後から起こされています」

それだけではない。尿臭がする部屋に住まわされる、明らかに大きいサイズの靴を履かされるなど、小島さんの証言はショッキングなものばかりだった。

「実は役所に匿名で相談したことがありましたが、何の指導も改善もありませんでした。施設長に虐待の事実を伝えたら異動させられた職員もいます。中には辞めた者もいましたが、それでも施設で虐待はなくなりませんでした。近年やっと、役所が施設を調査したと思ったのですが、文書での聞き取り調査だけで、立ち入り調査などは行われず、いまも虐待の実態は変わらないままです」

厚労省が公表した高齢者に対する虐待に関する資料（令和3年度）によると、虐待の相談・通報二千五百十七件（対象年度以前のものも一部含む）のうち、行政が「事実確認を行っていない事例」は二百八十九件ある。相談・通報を受理した段階で、明らかに虐待ではないと判断したケースが五十一件だったが、それ以外に、「後日、事実確認を予定している又は要否を検討中」などが二百三十件以上もある。

さらに注目すべきは、通報を受けた行政が事実確認を行った例のうち、「虐待の事実が認められなかった」あるいは「虐待の有無の判断に至らなかった」例が、一千四百九十三件にも上っているということだ。なぜ虐待の事実が認められなかったのか、どういう調査を行って虐待との判断に至らなかったのか、資料には詳細は記されていない。恐らく、前出の上田さんのように、虐待の決定的証拠が得られなかったというケースが多いのではないか。暴力的、心理的、経済的な虐待は、証拠を見つけるのが容易ではない。証拠がなければ、虐待が表に出ることは、ほとんどないというのが現状だろう。

ゴキブリだらけの部屋で老人を飼い殺す

施設だけではなく、訪問介護の現場でも虐待は起きていた。

白髪に茶褐色の肌をした男性がベッドに横たわる一枚の写真がある。大阪の古びた集合住宅の一室で撮影されたものだ。男性はこの家の主で、八十一歳の木村伸一さん（仮名）。木村さんは、ベッドから一人で起き上がることができず、もう何年も外出していない。最近は入浴さえしておらず、顔にはゴキブリが這っていたことがあるという。チョコパンとミルクコーヒーが好物だが、毎食後、必ずといっていいほど嘔吐《おうと》を繰り返す。そのため、床にはシミのような跡がこびり付いて取れない。窓ガラスにはヒビが入り、ガムテープを貼って割れを防いでいる。いつから割れているのか定かではないが、前年の冬も窓ガラスから隙間風が入ってきていたという。

木村さんは、介護士が自宅に来て排泄介助や食事の介助をする度に、「ごめん、ごめん」と弱々しく言葉を発するが、それ以外は意思の疎通が困難だ。毎日天井を見つめながら時間だけが過ぎていく。木村さんが一人で生活できる状態でないことは誰の目にも明らかだ。しかし、病院に入院することも、二十四時間体制の介護施設に入ることもない。

なぜなのか――。その理由は、木村さんが暮らす集合住宅にあるという。木村さんの訪問介護を担当しているのは、大阪のB社だ。同社は、木村さんが住んでいる集合住宅の一室に事務所を構え、ここを拠点に訪問介護や訪問看護の事業を行っている。同社の利用者の多くが、この集合住宅の部屋に住んでいるという。
「寝たきりの老人が、同じ建物内に住んでおり、そこを見回るだけで介護報酬が入ってきます。だから、社長は木村さんを、『お金のなる木』と言っていた」（B社関係者）
身寄りもなく、文句も言わない寝たきりの木村さんを囲っておけば、介護報酬がB社に転がりこみ続けるというわけだ。そのため、木村さんを病院や他の施設に移さないのだと、同社の関係者は語った。

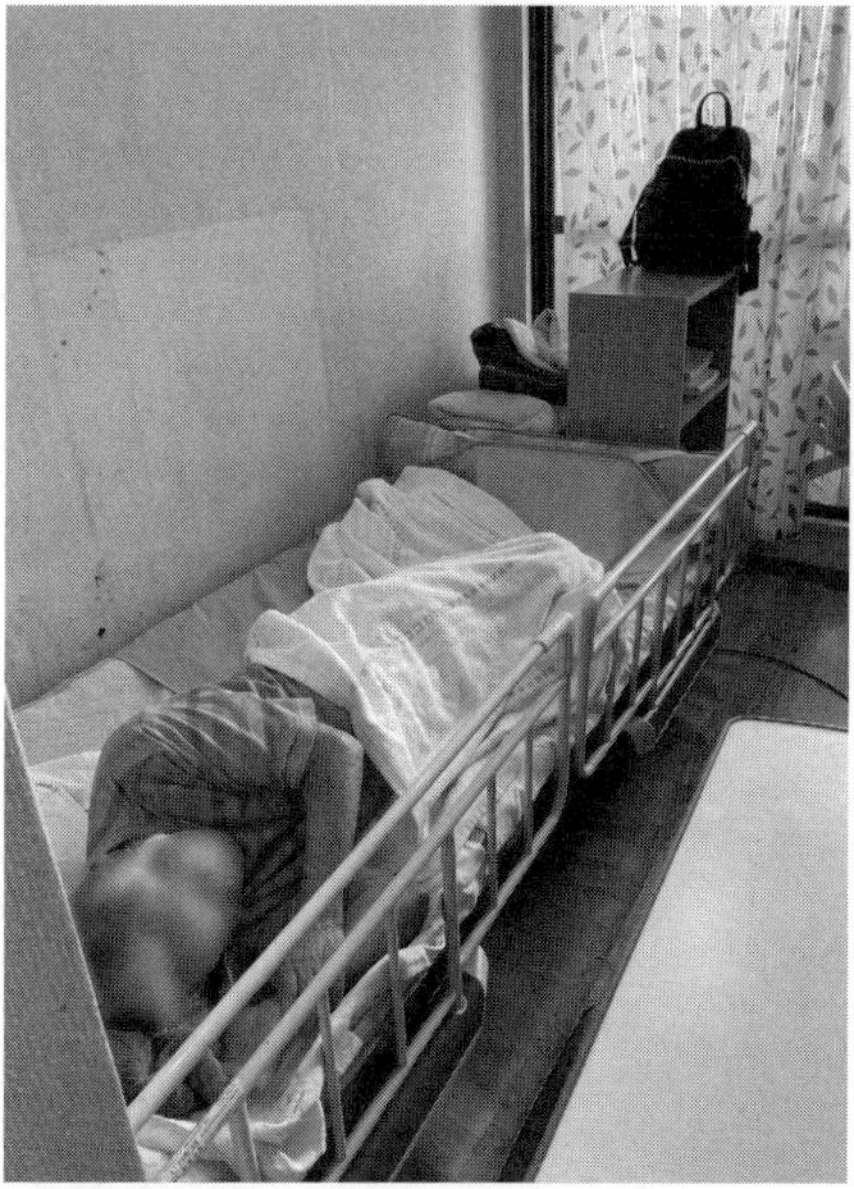
ベッドに寝たきりの木村さん

この集合住宅には、木村さんのようにB社と契約している高齢者が多数入居している。その一人、六十五歳の乾大介さん（仮名）の住環境も強烈だ。
「彼の部屋を開けたら、小さなゴキブリが床、壁、天井にまでビッシリといたことがありました。乾さんは部屋で兎を飼っていたのですが、世話をせずに餌も糞尿もそのまま。そのうち部屋中がゴキブリだらけになったんです。乾さんに限らず、他の利用者さんも不潔な状態に置かれています。社長はゴキブリや南京虫の駆除に役立つとされる謎の機械を部屋や事務所に設置するようになったのですが、根本的な解決にはなっていません。こうした状況を見ると、ただ金のためにお年寄りを飼い殺しにしているとしか思えないのです」（前出・B社関係者）

実際に老人ホームに〝潜入取材〟

ここまでは当事者や関係者の証言ベースで虐待の現状について記してきたが、取材を続けていくなかで、実際にある「住宅型有料老人ホーム」に〝潜入取材〟を行う機会を得ることになる。そこからは消極的介護の実態が見えてきたのだった——。

〈ここに入居している高齢者の生活を見ていると、人間扱いされていない感じがする〉

二〇二二年の夏、一通のメールが週刊文春編集部に届いた。送り主は関西でケアマネとして働く山田敏子さん（仮名）だ。山田さんが仕事で月に一度訪問している有料老人ホームに関する情報提供だった。その施設が、利用者を〈人間扱い〉していないように感じているというのだ。一体どういうことなのか。

彼女とは何度かメールや電話でやり取りをすることになった。安い入居費用で三百六十五日、デイサービスを行っていると謳う老人ホームが、実際にはまともな介護をしていないといい、これが介護施設といえるのかと疑問に思っているとのことだった。

そんな彼女が疑問視する施設は、地元の株式会社が運営しており、利益優先主義の経営者のもと、人手不足の状態が続いているという。現役のケアマネが問題視する施設とは、一体どんなところなのか。そんな疑問を抱きながら、京都駅から三十分ほど在来線に揺られて小さな駅に着いたのが同年九月のこと。駅前で山田さんと待ち合わせをし、詳しく話を聞くことになった。

山田さんの年齢は四十代前半。もともと大学で福祉を学んでおり、そのまま介護業界に入ったという。結婚後、一時期は介護の仕事を離れて海外で暮らしたこともあったが、帰国後は再び介護の職に就いた。現在はケアマネジャーとして働いている。

話をするなかで、山田さんからこんな提案があった。

「うまく言葉で説明できないので、今から施設の様子を一緒に見学しませんか？」

彼女の話によれば、同じ会社が経営する介護施設が近隣の市に十か所以上あるという。

地元では知らない人がいないほど手広く介護事業を展開しているが、どの老人ホームも介護関係者には〝評判がよくない施設〟として知られているそうだ。十か所以上ある施設のうち、彼女の顔が知られていない施設があるというので、そこに二人で〝潜入取材〟を試みることになったのだった。

「施設を見てみたいと電話すれば、たいていは中を見学させてくれるはずです」

午後一時過ぎ、私は山田さんが運転する車の中から「十五分後に少し中を見学させてもらえませんか」と施設に直接電話を入れてみた。すると電話口の女性は、「今からですか」と少々驚いた様子だったが、「大丈夫です。お待ちしています」と明るく答えてくれた。

異様に静かなホール

目的の介護施設は、大きな畑の真横にあった。田園地帯にポツンと建つ殺風景な施設だった。建物の壁には大きく「住宅型有料老人ホーム」と書かれているが、いかにも安普請の二階建てアパートといった印象だ。広々とした駐車場に車を停めて、早速、入り口にいた女性職員に声をかけた。すると、電話での説明とは違い、対応した職員は「今、コロナの関係で、中まではお見せできないんですよ」と話すのだ。

「そうですか。でも先ほど電話で見学の約束をしたうえで、ここへ来たのですが……。この辺りの老人ホームを、いろいろと見学しようと思っていまして」

そう返すと、女性職員は「ちょっと待ってくださいね」と建物の奥へと消えた。暫《しばら》くすると女性の責任者が現れて、「今日は特別に、中も見学していいですよ」と言った。一体、何が特別なのか。その説明はなかったが、私たち二人は案内役の別の女性職員に連れられて、いよいよ施設の中に入れてもらえることになったのだ。

ちなみに、この施設の職員には名字を聞かれた以外、見学の目的などは一切聞かれることはなかった。

「まずは、二階のお部屋からご案内します」

そう女性職員に促され、なぜか正面玄関ではなく、建物の裏手に回るよう言われた。人とすれ違えないほどの細道を歩かされると、案内されたのは職員用の小さな通用口だ。入り口でスリッパに履き替え、すぐ横にあるエレベーターに乗り二階へ上がった。

エレベーターを降りると、中央に幅二メートル程の直線廊下があった。その両脇には利用者が暮らす約三十の居室が並ぶ。居室のドアは引き戸だが、全ての戸が全開になったままで部屋の中が丸見えだ。室内に人は誰もいなかった。

「部屋の中、ちょっと見てもいいですか？」

そう職員に聞いてみると、「どうぞ」と答えた。目の前の居室の中を覗《のぞ》いてみると、八畳ほどの部屋にシングルサイズの介護用ベッドと、小さなタンスが一つ。床に直置きされた大きな遺影がタンスに立てかけられていた。この部屋に住む女性の夫なのだろう。遺影の老紳士が微笑んでいたのが印象的だった。

他の居室も順番に覗いて歩くと、小さな仏壇がある部屋や、衣類が散らかっている部屋など、生活感が漂っている。

見学中、山田さんは女性職員にこうたずねた。

「お昼ご飯はもう終わったんですか？」

女性職員が「そうですね」と頷くと、山田さんは続けた。

「誰も居室にいらっしゃらないですけど、お昼ご飯が終わって、入居者のみなさんは今、何をされているのですか？」

一瞬、間があいて、女性職員はこう説明した。

「今日はみなさん一階で寛いでいらっしゃると思いますよ。全員、二階にいないっていう日は珍しいんですけどね……」

今日は特別な日であるかのような口ぶりだ。なぜ今日に限って入居者が誰一人部屋にいないのかの説明はなかった。

続いて私たちはエレベーターで一階へと移動した。

「あそこで、みなさん食事なども召し上がっています」

職員が廊下の先を指さすと、奥に食堂兼ホールが見えた。正面玄関を入ってすぐの場所に位置する。最初に私たちが職員に話しかけた場所だ。ホールにはたくさんのお年寄りが座っているが、みんな異様に静かで無表情だった。昼食を終えて、うつむいている人、遠くをじっと見ている人ばかり。身体や手足を動かしている人が誰一人いないことに違和感を覚えた。すると職員が、「コロナの関係もありますし、今日の見学はここまでに」と言い、山田さんと私がホールに近づく間もなく、再び裏口へと誘導された。

最後に女性職員は、こう言いながら施設のパンフレットと名刺を差し出した。

「今は満室ですので、もし入居をご希望される場合は、早めにご検討いただいた方がよいと思います」

「まるで養鶏場のニワトリ」

施設を後にして車内に戻ると、山田さんは開口一番こう言った。

「一見すると、よさそうな施設でしたよね」

確かに、女性職員の愛想もよく、悪い印象は持たなかった。ところがこの後、山田さんはこう続けたのだ。

「正面玄関ではなく、私たちを裏口から入れたのは、ホールでの様子を見せないためですよ。施錠されたホールにお年寄りを閉じ込めて、一日中何もせずただボーッと過ごさせているんです」

言われてみれば、そう見える。身体や手足が動いていないのは、寛いでいるからではなかったのだ。通常、デイサービスでは、体操やクイズ、手芸や工作など、さまざまなレクリエーションを行うはずだ。

「利用者さんたちは、リハビリやレクをするわけでもありません。毎日、朝八時から夕方六時まで一人残らずホールに集められます。職員が話しかける様子もほぼ無かったですよね。それでもデイサービスを利用したことになっているんです」（山田さん）

こうした対応は、この会社だけのことなのだろうか。別の介護施設管理者が、次のように説明する。

「介護の効率化を重視するあまり、利用者を一か所で集中管理する施設があるとの話はよく聞きます。人手不足なのでしょう。見守りはしているわけですし、交代で入浴介助も行う。最低限のことをしていれば、デイサービスを利用したことになり、介護保険を請求できますからね」

山田さんが話を続ける。

「二階の居室のドアが全部開いていましたよね。勝手に部屋の中に私たち見学者を入れてくれましたけど、普通はありえません。居室は入居者個人のプライベートな空間です。この施設では、入居者の方たちのプライバシーも守られていないのでしょう。また、この会社の系列は、壁に何も貼られていない殺風景な施設が多いんです。職員さんが積極的に催しを提案していれば、廊下の壁にイベントごとの記念写真や壁新聞、制作物などが、賑やかに貼り出されているものです」

ケアマネとして気づいた点を次々と挙げながら、彼女は一言、こう呟《つぶや》いた。

「まるで養鶏場のニワトリの様です」

もらったばかりのパンフレットを開くと、月額基本料が十一万円だと書かれている。室料、食事、おやつ、服薬管理などが含まれた価格だという。身元引受人や保証人もいらず、入居前の健康診断も不要だと書かれていた。

「この辺りの住宅型の老人ホームの相場が二十万円前後ですから、それに比べたら確かに安いです。安普請の建物を次々に建て、利用者を集める。しかし介護スタッフが足りないため、どの系列施設も利用者を一括で管理するような介護を行っているのです」

パンフレットを改めて眺めると、こう書かれている。

〈独りになっても一人じゃない〉

〈長生きを心から喜べる社会を創造する〉

人手不足という施設の都合で、利用者をほとんど飼い殺しにしている「消極的介護」。これが虐待にあたるかは意見が分かれるかもしれない。ただ一つ言えるのは、利用者一人ひとりの人生や個性を無視した、〝介護〟とは名ばかりの介護施設が存在しているということだ。

山田さんが続ける。

「私の担当する女性の利用者さんは、前任のケアマネからこの会社の施設を勧められました。若いケアマネで経験も少なく、想像力が働かなかったのでしょう。その利用者さんには軽い認知症がありますが、月に一度施設に伺ってお話をし、私が帰る頃になると毎回、『私も一緒に帰れる？』と聞いてくるんです。ある時は、荷物を鞄に詰めて職員にバスの時間を尋ねたこともあったそうです。きっと、この施設での暮らしが嫌なんです。でも部屋には鍵がかかり、外には出られません。彼女から『今日は帰れる？』と聞かれる度、胸が締め付けられる思いがします」

山田さんは、この利用者の経済状況が許せば今後、別の会社の施設に入ることを勧めようと思うと語った。

経営の効率化や介護スタッフの人手不足は、この施設のように、利用者の生きがいを蔑《ないがし》ろにすることにも繋がる。だが、残念なことに、介護職の人手不足が解消される見込みはない。厚労省は、二〇二五年度に全国の介護職が約三十二万人も不足すると推計している。二〇四〇年度には、約六十九万人の介護職が不足するといい、この数字だけを見れば介護現場は既に崩壊しているといえるだろう。

介護する側の高齢化

人材不足で介護の質が下がる中、地方の介護現場はどのような状況になっているのか、さらに取材を進めてみた。

奈良県にある小高い山の上に建つ特養を訪れたのは二〇二二年九月のこと。県の外れに位置するこの街は過疎化が進み、高齢者の人口比率が年々高くなっている。

内閣府が発表している「令和5年版高齢社会白書」によると、二〇二二年現在の高齢化率は、最も高い秋田県で三八・六%、最も低い東京都では二二・八%となっている。高齢化率とは、県の総人口に占める高齢者の割合のことだ。今後、高齢化率は全ての都道府県で上昇し、二〇四五年には最も高い秋田県で五〇・一%、最も低い東京都でも三〇・七%に達する見込みだという。白書では「今後、我が国の高齢化は、大都市圏を含めて全国的な広がりを見ることとなる」と指摘されている。

奈良県では人口が減少に転じている中、六十五歳以上の高齢者の人口は介護保険制度が始まった二〇〇〇年は約二十四万人だったが、二〇二二年には約四十二万人となり、七六・六%も増加した。高齢化率も一六・六%から三二・四%に上昇。二〇〇九年以降は、県の高齢化率は全国平均を上回っている。高齢化の進展とともに世帯構成にも変化がでており、総世帯数に占める「高齢者単独世帯」の割合も増加傾向にある。

私が訪れた特養がある一帯では、若者の減少が特に顕著にみられるという。介護施設での働き手が不足する一方、施設を利用する高齢者が増加している状況が発生しているとのことだった。

「麓《ふもと》のコンビニを見てもらうとわかりますが、この辺りの若い労働者は外国人ばかりです。他の過疎地と同じように、若い人はみんな都会へ出てしまった。ですから介護事業者は、どこも人手不足になっています」

そう話すのは、この特養の施設責任者の男性だ。現在、同施設での人員はぎりぎりで足りているそうだが、介護業界が抱える人材不足の問題は、この長閑《のどか》な町でも深刻な状況だという。

「うちは通所介護もやっていて、毎日利用者さんを車で送迎していますが、田舎ですから一番遠い方の家まで片道四十分かかります。そうなるとドライバー兼介護職員の人手も必要ですし、車の燃料代も都市部よりかかる。介護を学んだ新卒の子は都市部に出てしまい、うちも若い職員が入社してきません。若い人が来ないと、次の世代の介護職員が育たないというのが経営上の悩みです」

公益財団法人介護労働安定センターが公表した「令和3年度 介護労働実態調査」によれば、六八％の事業所が六十五歳以上の労働者を雇用しているという。また、勤務する職種別に見ると、「介護職員」に六十五歳以上の高齢者がいると答えた事業所の割合がもっとも高く、四五・二％となっている。次いで「訪問介護員」が三四・一％となっており、介護する側の高齢化も深刻な状況となっているのだ。

労働者の高齢化が進めば、サービスの数と質も下がっていく。

「都市部と違って、こんな山の上まで来てくれる訪問看護師さんはほとんどいません。デイサービスを行っている会社もいくつかありますが、どこも人手不足という状況は変わりません。この辺りでデイサービスをやっているのはうちだけですが、都市部のような満足のいくサービスは提供できない。小さな街ですから、サービスが悪いと評判はすぐに広まり、利用者さんが減れば経営も圧迫されます」

この地域の特養では、ユニット型個室よりも大部屋の方が埋まっているという。

「一般的に特養は安いため、人気があります。中には、何十人、何百人待ちの特養が存在しているという報道も目にします。ですが、この辺りの特養は空室が多いんです。特に、ユニット型個室に空室が目立ちます。個室の方が人気だと思われがちですが、うちに限らず近所の特養でも、大部屋の方が満床だと聞きました。大部屋の方が、ユニット型個室よりも多少は費用が安くなるからです。利用者さんからは、『少しでも安い部屋にしてほしい』と言われることが多くなりました。やはり経済状態がよくないという事情があるのだと思います」

前章で記したように、高齢者の間で経済格差は大きく広がっている。入居一時金で数億円という介護施設もあれば、生活保護を受けている人ばかりが入居する施設も存在する。だが、多くの人が安い施設を望むのが現実だ。

「私もこの業界は長いですが、実際の介護現場では、いわゆる高級老人ホームに入居できる方の方が圧倒的に少ないです。介護保険は所得に応じて負担割合が違いますが、一割負担の方は基本的には年の所得が百六十万円以下です。私の感覚では、八割以上の方が一割負担という印象です。特にこういう田舎では、一割負担が当たり前。自己負担で介護サービスを付ける方も、そう多くはありません。特にうちのような特養では、なるべく安く抑えたいと希望される方がほとんどです」

こんな施設は要注意！　施設職員が語るチェックポイント

費用が安い介護施設でも、質の悪いサービス、特に虐待は避けたいものだ。利用者側としてどんな施設が要注意なのか聞いてみた。

「大前提として、中を見学させてくれない施設は要注意でしょうね。最近はコロナを理由にして見学を断る施設も増えているようですが、本来、きちんとした施設は、できるだけ介護の実態を利用者さんやご家族に見てもらいたいと思うはずです。見学を一切シャットアウトしている施設というのは、介護職員の人数が足りていないとか、非常に散らかっているとか、見られたら都合の悪いことがあるからなのかもしれません」

そのうえでチェックポイントとして、次の三つを挙げてくれた。

①　臭《にお》い

②　居室内

③　食事

「入り口や介護フロアに入った途端、尿臭や便臭が漂う施設があります。こういう施設は衛生的な管理が出来ていない。介護スタッフが足りていないとか、利用者さんを放置しているとか、そういう根本的な理由があるのだと思います。

それから居室内のチェック。一人で歩けない利用者さんのみならず、歩行ができる利用者さんにまで、『トイレはここで』とベッド横にポータブルトイレを設置しているような施設は、きちんと介護をしていないと思っていい。頑張れば一人でトイレに行ける利用者さんにポータブルトイレを使わせていたら、そのうち歩けなくなってしまいます。もちろん施設ごとに介護方針はありますが、そういう施設の介護士は、介護と自立の区別がついていないのだと思います」

出される食事については、施設の業態により変わってくる。

「食事の値段はどこも似たようなものですが、内容には気をつけるべきです。社福がやっている特養や老健の場合は、何キロカロリー以上の食事を出すという目安が国によって決められているため、そんなに酷い状況にはならないはずです。ただし、株式会社が経営している有料老人ホームやグループホームの食事は、特にしっかりとチェックした方がいい。私が知っている一番酷い施設は、ご飯とみそ汁に小鉢が二つだけでした。経費を抑えるために、ご飯の量を減らすというのはよく聞きます。

ある民間のホームでは、入所一週間足らずで栄養不足になり、病院に入院することになった利用者さんがいたと聞きました。栄養士を雇っている施設がある一方で、全く栄養管理を行っていない施設も多い。ですから、栄養管理はどうしているのかと、担当者に尋ねてみるのもいいでしょう。『ネットなどでカロリー計算しながら作っています』と答える施設は注意したほうがいいです」

そして、最後にこう付け加えた。

「よく、いい施設の見分け方という記事を見かけますが、何をもっていい施設と評価するかは、利用者さんやそのご家族ごとにそれぞれ違います。結局、自分のなかでダメな点や譲れない点を決めておくのが一番いい。介護士が不足している施設や、不潔な施設、職員が不愛想な施設などは問題外ですが、毎日の食事の充実という点だけは譲れないとか、家族との面会が二週間に一度までと決められているのはダメだとか、譲れない点は何かを事前に整理しておき、施設を見学してみるのがいいと思います」

第四章　私利私欲だらけの業界

多くの不正請求が野放しに

介護にお金がかかるカラクリについては第二章で詳しく述べたが、高齢者をダシにして不正に儲けようとする業者は後を絶たない。例えば、前章で紹介した衛生管理ゼロのデイサービス（101頁参照）だが、実はもう一つ大きな問題を抱えていた。それが、虚偽のサービス実施記録を作成し、介護報酬を請求する不正請求だ。この施設の社長は、既に退職した従業員を働いていることにして、不正にタイムカードを押すようスタッフに命じていたという。悪質な経営を問題視した前出の竹山さんは、転職を決意。施設の実態を詳細に記録し、東京都へ情報提供を行った。

「利用者様を危険にさらすと同時に、働く側の私も耐え難い精神的苦痛がありました。経営者や施設の管理者に強い怒りを感じ、都の福祉保健局に実名で内情を報告したのです。退職する際には、こうした実態を口外されないためにか、秘密保持誓約書にサインをさせられていましたが、タイムカードのコピーなどを文書にまとめて都に提出しました」

だが、都は対応をしなかった。

「都の福祉保健局の方からは、調査状況や行政処分の如何《いかん》は、一切教えられないと言われましたが、この施設に行政処分が下ることはありませんでした。そのうち勝手に廃業してしまいましたが、こうした施設が実際に存在していることや、行政に通報しても何も変わらない現実を知って欲しいと思います。介護の世界では不正請求をいとも簡単に行うことができ、杜撰な運営をしていても行政の管理には限界がある。結局は多くの業者が野放しになっているのを残念に思います」

十一兆円の市場に群がる業者

行政がなかなか動いてくれないという声は、これまでの取材でも多く聞いてきた。週刊文春編集部にも、行政に働きかけても何もしてくれないという主旨の情報は多々寄せられている。二〇一六年には広島市が、四十六か所の有料老人ホームに対して三年に一度入るはずの立ち入り検査を行っていなかったと、包括外部監査人に指摘されたこともあった。杜撰な運営や不正行為を行う施設は全国各地に存在している。不正を働いた介護施設に行政処分が下ったとする報道を度々目にするが、それは氷山の一角に過ぎない。

第二章で「老人は歩くダイヤモンド」という言葉を紹介したが、介護業界には利益を重視するあまり、人材や設備のコストカットばかりに走り、杜撰な経営を行う悪質な業者も一定数存在する。

二〇二二年度の介護保険の費用額は過去最高の約十一兆円にのぼり、業界の規模は年々拡大している。そうなると当然、儲けを狙った業者の参入も増えてくるだろう。利益追求主義の業者が増えれば、被害をもっとも受けるのはサービスの利用者に他ならない。この章では、私利私欲にまみれた介護業界の実態を紹介したい。

社福を隠れ蓑にしたマネーゲーム

最近は、社会福祉法人を発端とする不正が相次いでいる。

記憶に新しいのは、静岡市で特別養護老人ホームを営む社会福祉法人「誠心会」を巡る事件だろう。この事件では、同法人から一千五百万円を横領したとして、前理事長の医療福祉系団体役員と、同団体職員の男が二〇二三年十一月に逮捕された。なぜ、この事件が大きく報じられたかといえば、逮捕された一人が女優・南野陽子氏の夫だったからだ。この報道の直後、南野氏は夫と離婚したことでも話題を呼んでいた。

「静岡市が二〇二二年十二月、同法人が経営する特養『ベイコート清水』への定期監査を実施、総額七千万円以上の使途不明金が発見されたのが逮捕のきっかけです。捜査関係者によれば、南野氏の夫が実質的に経営する会社に金が振り込まれていたといいます」（社

会部記者）

この社福からどのような経緯を経て、両容疑者に金が渡ったかは定かではないが、まともな経営をしていなかったことだけは明らかだろう。

社福を巡る事件は、それだけではない。二〇二一年、山梨県の社福を巡って、理事長と評議員らの合計八人が社会福祉法違反（贈収賄）容疑で逮捕された。同社福は特養やデイサービスを運営しているが、高利貸しや自称金融ブローカーが社福の乗っ取りを企てていたことなどで話題となった。また二〇二二年には新潟県の社福の元理事長が、法人の金を息子の家に置くグランドピアノの購入代に充てるなど、私的に流用した疑いで特別背任の罪に問われ、実刑判決を受けている。さらに二〇二三年には、広島県の社福の元理事長二人が、少なくとも約五億七千万円を横領したとして、業務上横領罪で東京地検に起訴された。

「社福は利益の分配もできませんし、法人が解散すれば剰余財産は国庫に入る。一方で、設備費や建設費の一部は国や自治体から補助が出る。税制上の優遇もされていて、法人税や事業税、住民税に加えて固定資産税などが原則非課税です。そうした理由から、社福を隠れ蓑にしたマネーゲームが行われている実態があります。また、一部の社福には十億円以上の内部留保があるともいわれている。〝オイシイ〟社福を乗っ取るため、金で理事ポストを売買しようと違法な交渉をする者もおり、時には反社会的勢力が絡むこともある。健全経営とは程遠い状態の社福が多いのも事実です」（医療関係者）

社福が起こした事件は挙げればきりがない。もちろん健全経営を続ける社福も多いが、社福だからといって無条件で安心であるとは言えないのだ。

不正請求で儲ける仕組み

経営が苦しくなると、違法な行為に手を染める業者も後をたたない。特に目立つ違法行為といえば、本章冒頭でも紹介した介護報酬の不正請求だ。

JRと南海電車が走る新今宮駅の周辺は、「ドヤ」と呼ばれる日雇い労働者向けの簡易宿泊所が立ち並ぶ。あいりん地区が目と鼻の先にあるこの街の外れに、生活保護受給者が多く住む集合住宅がある。決して綺麗とはいえない建物の中に入ると、訪問介護や訪問看護を行っている介護事業所と、障害者の就労支援を行う一般社団法人の事務所が同居している。この両法人で訪問介護や看護、障害者の就労支援やグループホームなども運営しているのだ。取材当時、スタッフは合計して約二十名で、どちらの法人も同じ六十代の女性が社長を務めていた。

同法人の内情をよく知る関係者はこう話す。

「障害者支援事業では、ブックオフで売る古着に、値札をつける軽作業を行っています。就労時間になると、利用者は自分の部屋から一階の作業所に集まり、入り口で出席確認の印鑑を押して就労します。ところが、印鑑だけ押して実際には就労していない人がいる。社長からハンコだけ押せばいいと言われているというのです」

その一人が施設利用者である乾大介さん（仮名）。第三章で紹介した、劣悪な環境の部屋で暮らす人物である。尼崎出身の乾さんには家族がおらず、幼少期から社会福祉施設で育った。職を転々とし、大阪の天満に住んでいた十五年ほど前までは、駅のホームで清掃員として働いていた。後に知人を通じて訪問介護や訪問看護の事業を行っているB社の社長と知り合い、ある時、こう言われたという。

「介護の資格を取らせてあげるから、訪問ヘルパーとして働いて、将来はうちの利用者になってな」

乾さんは清掃員を辞め、B社のスタッフとして働くことになった。そして社長の言葉通り、数年前に障害者手帳が交付されると、今度は同社の利用者となったのだ。

B社の内部資料「訓練等給付費等明細書」によれば、同社は乾さんの就労支援をしたことで、月に約二十六万円の給付を大阪市から受けていたこともあった。その中から報酬として、就労者に一万円から一万五千円ほどが支払われる仕組みだ。

ところが、筆者が入手した乾さんと同社スタッフの会話を録音した音声データには、こんなやり取りが残されていたのだ。

乾さん「(社長から)前みたいにサインと印鑑押してくれっていわれたんや。(略)で、助成金欲しいんやったら前と同じように、ここに印鑑とサインは、もう向こうにおる人が書いてくれて」

――(就労に)行ってはいないってこと?

乾さん「もう(代表)にも言うてるんよ。もう行かへんからねって」

実際には就労していないにもかかわらず、サインと印鑑のみで給付を得ているのだ。それだけではない。乾さんは同社から訪問介護サービスも受けており、ここでも不正が行われていると、B社関係者は証言する。

「利用者さんの自宅を訪問して、どんな介護サービスを行ったか『訪問記録』をつけることになっていますが、乾さんが病院に行っている日に、本人が自宅で介護サービスを受けたことになっていた。一緒にドン・キホーテに買い物に行ったと、ウソの訪問記録を作成していたこともあります。買い物に同行すれば給付金が多くもらえるからです。会社は提供していないサービスを実施したことにして、介護報酬を不正に受給しているのです」

就労を支援した、自宅で介護した、買い物に同行した、などと様々な書類を整えて大阪市から金を引っ張る。まさに同社にとって乾さんは「金のなる木」だ。

また、ある現職のスタッフは、乾さんの他にもほとんど姿を見たことがない人物が、作業所で就労したことになっていると明かした。

「その人の就労実態を示すはずの『就労継続支援提供実績記録票』を見ると、土日を除いたほぼ毎日、十時から十五時四十分まで作業をしている月がある。しかし、作業所で彼をみたことはほとんどありません」

不可解な請求は、まだある。二〇二二年十月十五日、同社の介護スタッフと障害者六名が、福祉車両のワンボックスカーに乗って会社から二十分ほどの寂れた喫茶店を訪れた。カウンター六席にテーブル席が二つの小さな店内。この店で、利用者から各二千円を徴収して〝たこ焼きパーティー〟が開かれていた。

B社のスタッフが話す。

「これは『移動支援』といって、障害者の移動を支援したという名目で、大阪市から会社に給付金が入ります。約三時間の会でしたが、スタッフは時間を水増しして、市から給付金を多めに受け取っていた。一人数万円ほどの微々たる額ですが、公金を不正に得ていることに変わりはない。生活保護の方から参加費を取り、不味《まず》いたこ焼きを食べさせて、挙句の果てには店で嘔吐してしまった利用者もいた。同行したスタッフの一人が、『こんな所で何しとんねん！』と声を張り上げたと聞きます。これのどこが障害者福祉なのでしょうか」

確かに、同社の勤務シフト表を見ると、同行していないスタッフまでが三時間以上、移動支援を行ったように記されている。

なぜ不正がまかり通るのか。前出のB社スタッフが続ける。

「大阪市の職員が定期的に立ち入り調査をするのですが、その実態は、記載漏れがないかなど書類をチェックする程度。書類を見ただけで、水増しや不正をみつけることなど不可能に近い。しかも、立ち入りの日は数か月前に市から予告されるため、その間に書類の改竄《かいざん》もできてしまいます。実際に会社は市から予告があると、書類の辻褄《つじつま》合わせをしたり、実態と異なる書類を作成していました」

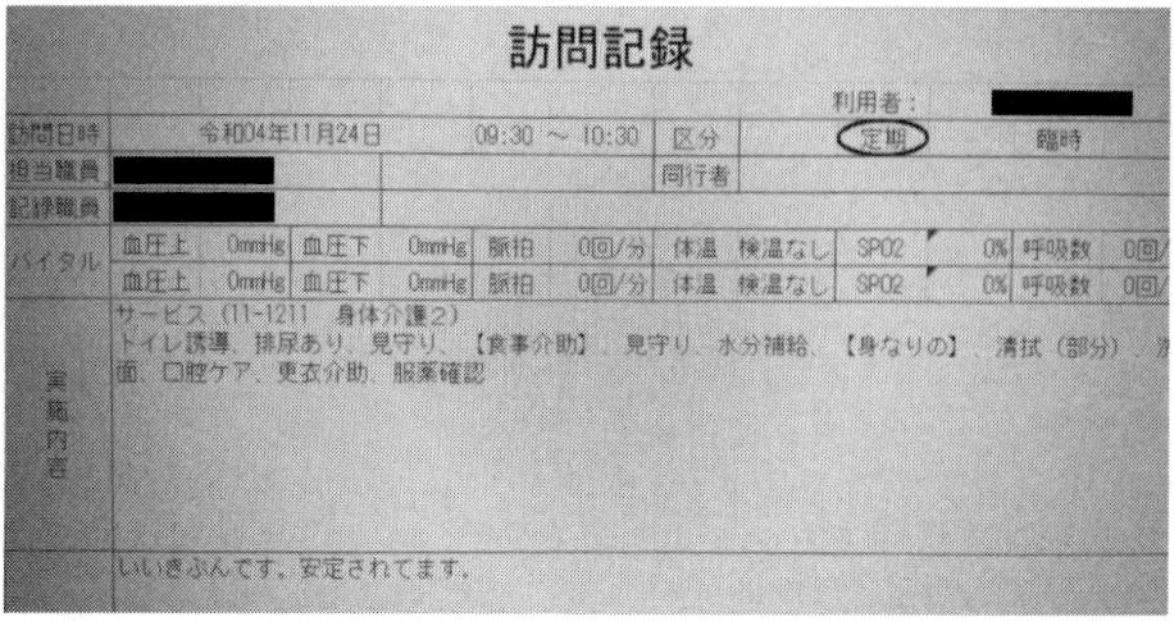

訪問記録

利用者：[redacted]

訪問日時	令和04年11月24日		09:30 ～ 10:30		区分		定期		臨時	
担当職員	[redacted]				同行者					
記録職員	[redacted]									
バイタル	血圧上 0mmHg	血圧下 0mmHg	脈拍 0回/分		体温 検温なし		SPO2 0%		呼吸数 0回/	
	血圧上 0mmHg	血圧下 0mmHg	脈拍 0回/分		体温 検温なし		SPO2 0%		呼吸数 0回/	
実施内容	サービス（11-1211　身体介護２） トイレ誘導、排尿あり、見守り、【食事介助】、見守り、水分補給、【身なりの】、清拭（部分）、洗面、口腔ケア、更衣介助、服薬確認									
	いいきぶんです。安定されてます。									

Ｂ社が作成したウソの訪問記録

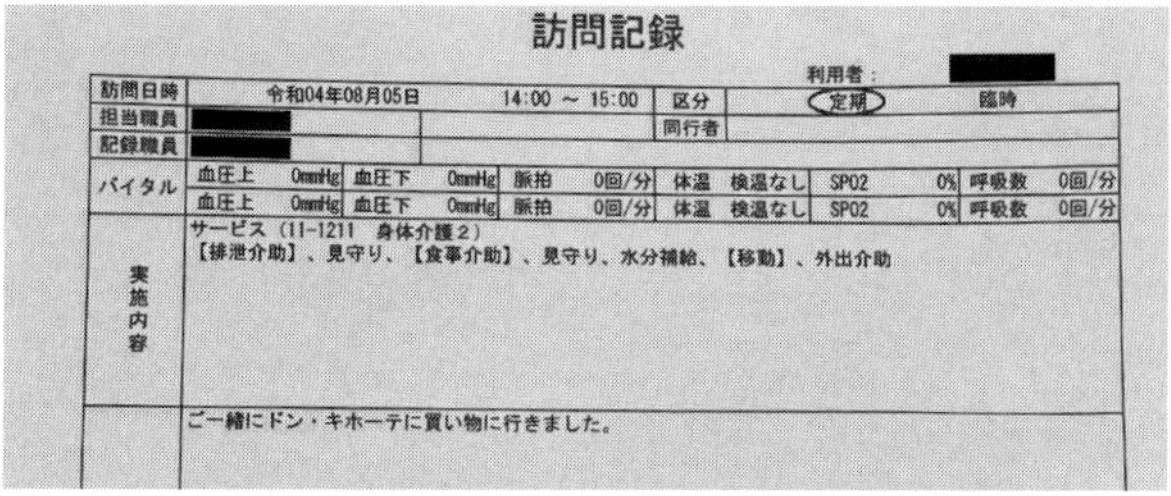

訪問記録

利用者：[redacted]

訪問日時	令和04年08月05日		14:00 ～ 15:00		区分		定期		臨時	
担当職員	[redacted]				同行者					
記録職員	[redacted]									
バイタル	血圧上 0mmHg	血圧下 0mmHg	脈拍 0回/分		体温 検温なし		SPO2 0%		呼吸数 0回/分	
	血圧上 0mmHg	血圧下 0mmHg	脈拍 0回/分		体温 検温なし		SPO2 0%		呼吸数 0回/分	
実施内容	サービス（11-1211　身体介護２） 【排泄介助】、見守り、【食事介助】、見守り、水分補給、【移動】、外出介助									
	ご一緒にドン・キホーテに買い物に行きました。									

一緒に買い物をしたことにすると、給付金が多めにつく

こうした関係者らの話をもとに、B社の事務所で社長を直撃した。すると、社長は約八十分にわたって、こう喋《しゃべ》り続けた。

――不正請求をしている？

「そんなん、誹謗《ひぼう》中傷もいいところ。私、ホームレスの支援も二十二年してるし。今度、ウクライナ人さんの支援をしなければいけない。大体うちってボランタリーなので。西成の病院に入院したら殺されるって思ってる人もいるんです。だから、尊厳死の宣言をしてもらって、終末まで（うちが）サービスをして、最期まで看取るっていうシステムを作ったんですよ」

――サービス内容を水増しして請求しているのか。

「水増し請求ってどういうことですか？（逆に）ボランティアまでしてますよ」

――作業場での就労の実態がないのに「就労支援」をしたことになっている人もいると聞いた。

「在宅で仕事してもいいっていう人もいるんですよ。ここに来れない人がいるんです。なぜ来れないかって言うと、あの……、大家さんに来ないでくれって言われてる。お金借りまくって追い出されてしまったの。ほんでシェルターに保護して、別のとこ入ってもらった」

――わざわざ来て、出席のハンコだけ押して帰っている人もいますよね？

「誰それ？　いるわけない。例えば乾さんは、うちの身内みたいなもんやから、ハンコ押すだけでいいよって言いたいとこですけど、押してません」

――例えば○○さんは作業所でほぼ見ないそうですが。

「来てますよ」

――どれぐらいの頻度で？

「もう毎日。彼には特殊な仕事をしてもらってるんです。今度頼んでるのは、えっと……、ホームページ作ってもらったり。精神疾患があるので、就労場所はここ（作業所の上の階）で」

――では今もいらっしゃるのですね。

「いやいや……、今はちょっと、自宅でやってます」

――先ほど、毎日、と。

「いやいや、毎日連絡を取って仕事してます」

と話は二転三転した。さらに、「うちはチャイナに狙われている」「安倍元首相殺害現場に怪しい人物がいたことを私は知っていた」などと脈絡のない話まで飛び出す始末だ。

同社の例を挙げながら、不正を事前に見抜くことはできるのか、大阪市福祉局の担当者に聞くと、こう説明した。

「実地指導を定期的に行っており、そこで不正が見つかれば監査に移行します。指導の場合は、見るべき視点が厚労省から示されており、それに則した形で事業者の運営について確認しています。もし不正があれば、程度に応じて、指定の取り消しなど行政処分を行うこともあります」

だがさらに突っ込んで聞いてみると、内部告発でもないと不正をみつけるのは難しいと吐露し、他の自治体でも概《おおむ》ね同じだろうと語った。

「従業員や利用者の方の通報などが大きな情報源となります。不正であると指摘する場合、それを立証する責任は行政側にあるので、確たる証拠が必要になってくる」

確かに立証責任は行政側にあるだろう。だが、確たる証拠を探すために実地指導や監査をしているのではないのだろうか。まるで、証拠を持ってきてくれる内部告発者任せになっているような印象を受けた。

以前取材した介護職の一人は、「行政側も面倒に思って、不正を見て見ぬふりをする担当者がいる」と話したことがあった。

冒頭のB社関係者は、こう訴える。

「不正を放置すれば、結果的には不良業者が増えて、利用者の方が受けるサービスの質の低下にもつながると思います」

全国で相次ぐ不正請求の発覚

不正請求を含めた何らかの問題で自治体から処分を受けた事業所は、介護保険制度の開始から累計で二千九百六十二件に上っている。二〇二三年も、不正請求が発覚したとの報道は後を絶たなかった。

同年二月に行政から処分をうけたのは秋田県の社福だ。同法人は県内で複数のショートステイ施設を運営しているが、介護報酬約一億五千八百万円を不正に受給していた。

大阪府寝屋川市で訪問介護・看護サービスを営む合同会社では、一人の訪問介護員が同日の同時間帯に複数の利用者にサービス提供をした記録が見つかり、少なくとも二〇二二年の一～八月の間、介護給付費の不正請求をしていたことが発覚している。冬場に寝たきりの高齢者を廊下に放置するなどの虐待があったことも明らかになり、同社は二〇二三年三月末、訪問介護の指定取消し、訪問看護については三月末から三か月の指定停止処分を受けた。

同年六月には、介護給付費約一千三百万円を不正に受給したとして、鳥取県のデイサービスが行政処分を受けた。さらに同年八月、新潟県で居宅介護支援事業所を運営する社福が、介護給付費約八百四十万円を不正受給して処分を受けている。

こうして報道される不正受給は氷山の一角で、「見つかっていない不正も相当あるだろう」（元デイサービス職員）というのが実情だ。

埼玉県に住む、この男性はこう語る。

「私が勤めていたデイサービスでは、寝たきりの方に毎日デイサービスを受けてもらっていることにして、月に約三十万円もの金を不正請求していました」

彼はこうした不正を市役所に情報提供しているが、市は話を聞き取るだけで結局、何もしてくれなかったと明かした。

「事業所は利用者ではなく、市町村へ介護報酬を直接請求することになる。スタッフの水増しや、利用していないサービスをしたことにするなどの不正請求は、請求内容の詳細を利用者に見せるわけでもないため、監査や内部告発で指摘されない限り、不正を見つけるのは難しいでしょう」

ケアマネによる巨額横領事件

金に目が眩《くら》んだ事業者が狙うのは、介護保険だけではない。介護施設の役員が独立行政法人から受けたコロナ融資の資金、また、利用者から受け取った会社の金を横領するといったケースもある。

私の手元に、三重県の地銀・三十三銀行が発行した「預金取引明細表」がある。二〇二二年十一月、同県で介護事業を営む会社「I社」の関係者が、銀行口座の入出金履歴を調べるため、銀行から取り寄せたものだ。

「被害額は、現在わかっているだけで一億円以上にものぼります。気づいたときには、会社の口座残高が、わずか七万円でした」

そう話すのは、I社の社長である。実はこの明細表には、I社の元取締役でケアマネジャーの男性、服部将司氏（仮名）による横領の痕跡が残されているという。

「今回のような経営幹部の不正行為は、全国どこの介護施設でも起こり得ることだと思います。介護業界は、副業や投資目的で事業を始める人も多く、経営を全て人に任せていると、幹部の不正に気づかず、取り返しのつかないことになる。もし会社が倒産すれば、被害は経営者にとどまらず、利用者さんにも多大な迷惑がかかります。今回、うちの会社で起きたことを公にすることで、副業や投資で介護事業を始める経営者が、少しでも高齢者福祉について、真面目に向き合ってくれればよいと思い、恥を忍んで、事件についてお話ししようと思います」

社長はそう言いながら、膨大な資料を前に、事の顚末《てんまつ》を話し始めた。

海と山に囲まれた自然豊かな三重県鳥羽市。町全体が伊勢志摩国立公園に指定されているこの地に、I社が老人介護施設をオープンさせたのは二〇一七年十一月だ。

約六百坪の敷地の中で、サ高住やデイサービス、訪問看護などの事業を行っており、現在、従業員は十九名(パート等を含む)。施設の入居者は約二十名で、併設するデイサービスには二十名弱の利用者が通っている。

今回取材を受けてくれた社長がI社の社長に就任したのは二〇二三年一月だ。知人から経営が苦しい介護施設があるため買い取ってもらえないかと打診されたのがきっかけだった。数十年前に介護施設を経営していた経験もあることから、話が持ち込まれたのだ。その社長が、経営を立て直す方法はないかと、同社の経営内容を過去にさかのぼって調査してみると、不明瞭な金の流れや、幹部の不正が次々と発覚したのである。

ことの経緯はこうだ。I社の前社長は、地元で訪問診療を行う歯科医の男性。この歯科医は五、六年前に取引先の三十三銀行の行員から、「地元で力のあるケアマネがいるから」と服部氏を紹介された。訪問診療の歯科医は仕事上ケアマネと繋がりを持つ事が多く、人脈を広める意味もあって服部氏と親交を持った。

「自分はケアマネでもあり介護事業の運営ができる。先生は信用力があるため銀行から融資を引き出せる」

服部氏はそう言って、歯科医を名義上の社長に据えたという。そして歯科医に土地建物の購入資金として二億円弱を金融機関から借り入れさせ、二〇一七年十一月に鳥羽市内で介護事業をスタートさせた。

施設の利用者もすぐに集まり順調な滑り出しに思えたが、あっという間に資金不足に陥った。服部氏から金が足りないから出してほしいと頼まれる度、歯科医はポケットマネーで何度か穴埋めをした。服部氏は、要求する度に確認もせず金を出す歯科医の管理能力の欠如を見透かしたのだろう、次第に要求はエスカレート。歯科医は個人でローンを組むなどして、会社に貸し付ける形で金を補塡し続けた。

「やっぱり何かがおかしい」

そう思ったのは二〇二二年の夏。だが、時、既に遅し。歯科医もI社も借金漬けになり、施設は電気代すら滞納せざるを得なくなり、多くの督促状が届くようになっていた。歯科医は、金策に奔走し、年末に、なんとか滞納分を納めることができた。

利用者の現金にまで手をつける

「死のうと思っていました」

そう肩を落とす歯科医と私が鳥羽市内で会ったのは、二〇二三年二月十六日のことだ。よく言えば人の良い温厚な人物だが、いかにも気の弱そうなタイプにも見えた。

「服部の横領に気づき始めたときも、彼に問い質《ただ》せなかったんです。服部に『じゃあ俺は（介護事業から）手を引く』と言われたら困るからです。私に施設を運営する能力なんてありませんから。そんな私のダメな性格も服部はわかっていたのでしょうね。完全になめられていたんです。借金は膨らみ続け、利用者さんやスタッフに申し訳なくて……」

そう話す歯科医は、眼を充血させながら言葉を詰まらせた。

服部氏の不可解な行動は最初からあった。

「施設を建てるために購入した土地には、もともと鶏小屋がありました。建設が始まる段階になって服部から、鶏小屋の基礎が地中に埋まっているのでその処理に急に資金が必要になったと言われ、私が個人的に数百万円のお金を用意した。その後、服部から何度も資金が足りないと言われ、その度に、私がお金を工面していましたが、事業の立ち上げ初期だから、仕方ないのかなと思っていました。これまで合計四千万円くらい、私がお金を用立てました」

ちなみに、歯科医が個人的に会社へ貸し付けた金は、帳簿に記載されていないため、その使途も不明だ。

「会社の実印、通帳、カードは全て服部に預けており、私に決算書を見せたこともありません。見せてくれと強く言えなかった私もダメなんですけど……」

さらに驚くのは、消えた金が他にもあることだ。例えば二〇二二年六月、I社に六千万円の入金があった。

「これは公的機関から受けたコロナ融資のお金です。服部は社長の許可もなく融資を申請し、そのお金を使い込んでいました」（社長）

コロナ融資とは、昨今のコロナ禍で経営が苦しい介護事業者のために、独立行政法人

「福祉医療機構」が、優遇措置を講じた融資を施設に対して行う制度だ。服部氏は、無担保で融資された六千万円が入金されるとすぐに、数回にわけて銀行のATMから金を引き出したことが冒頭の明細表からもわかる。

「最初は数十万円など少額のお金が引き出されていましたが、次第に金額が大きくなっていきました。これらのお金が何に使われたのか会社の帳簿にも記載がありません。ただ、私が最も許せないと思ったのは、服部が利用者さんから預かった現金まで使い込んでいたことです」（歯科医）

I社の社長によると、服部氏は現時点で少なくとも会社の金を七千四百万円使い込んでいた疑いがあり、帳簿上は仮払金として処理していたという。歯科医が個人的に出した金と合わせれば、一億一千万円以上の金が消えた計算になる。

資金が底をついたI社は、利用者の食事を提供する業者への支払いも滞納していたという。それでも服部氏は何食わぬ顔で施設に顔を出していた。日中は親しくしていた施設の女性看護師（既に退職）と、隣の伊勢市でパチンコ屋に入り浸る姿を、地元の介護関係者に目撃されている。

「二〇二二年八月十四日、弁護士を交えて服部と歯科医による面談を行いました。その場で服部は横領を認めましたが、具体的な金額は本人も把握していないのです。結局、服部には、その年の末に役員を辞任してもらいました」（社長）

服部氏は面談で、親類に金を借りるなどして、返済の目途を二〇二三年一月三日までに報告すると語ったそうだ。だが、社長のもとに連絡がくることはなかった。

服部氏は、なぜ横領に手を染めたのか。そして金はどこに消えたのか。事実関係を確かめるため彼の自宅を訪ねたが、対面や電話取材を拒否。私の質問に対しメールで、こう回答した。

「横領などしていませんので、返済すべきものなどなく返済の目途についてお伝えすべきことはありません」

I社の代理人弁護士や歯科医は、警察への被害相談を経て、可能な限りの物証を集めたうえで、既に被害届を提出している。

「介護に携わってきた服部が、利用者さんを蔑ろにし、会社に対して行った背任行為は決して許すことができません。刑事告訴をして服部には罪を償ってもらいたいです。一方、私の管理不足や脇の甘さによって、利用者さんやスタッフに大変な心配をかけてしまい、本当に申し訳なく思っています」（歯科医）

介護業界は異業種の事業者に加え、医師や歯科医などが、副業や投資目的で事業を始めるケースが多い。これまでの取材を通して、儲けありきの経営者ほど、トラブルを起こしている実態が浮かび上がってきた。今回の巨額横領事件も、三重県の一施設で起きた特異な例では決してない。

過去最多の倒産件数

民間調査会社の東京商工リサーチは毎年、「老人福祉・介護事業」の倒産状況を公表している。二〇二三年一月に公表した「2022年『老人福祉・介護事業』の倒産状況」によると、同年の老人福祉・介護事業倒産件数は介護保険制度が始まった二〇〇〇年以降最多の百四十三件（前年比七六・五％増）を記録したという。倒産原因の多くは「販売不振」だが、放漫経営による「事業上の失敗」や、累積赤字を放置した未熟な施設運営なども原因の一つだ。

二〇二二年の倒産件数が過去最多になった理由として東京商工リサーチは、「通所・短期入所介護事業」をフランチャイズ展開していたS社グループの連鎖倒産が、同年の倒産件数を押し上げたと指摘している。

このS社グループは、同年八月に東京地裁より破産開始決定を受けており、当時報じられた負債額の合計は約九億四千七十万円と大規模だった。

私の手元には、同社の組織図を始めとした、いくつかの内部資料がある。例えば、各グループ会社が運営している事業所、代表者やマネジャー、管理者の名前などまで記されている。作成日は不明なものの、資料によれば、S社グループは全体で二百一の事業所を運営していることが記されている。事業内容も、訪問介護、居宅介護支援、地域密着型通所介護、訪問看護など多岐にわたっていたようだ。

中でも興味深い資料は、各種税金や取引業者に対する「未納リスト」だ。さまざまな自治体に支払うべき住民税や社会保険料、自動車税、労働保険料、源泉所得税及び復興特別所得税などが未納になっていることが記され、催告書や督促状が届いた日付や金額などが細かく記録されている。その数は千九百八件にものぼり、資料が作成された時点の合計未納額は約三億五千万円となっていた。未納の多くは二〇二〇年ごろから始まっており、二〇二二年には相当な額に膨れ上がっていることがわかる。

同社の元従業員が話す。

「私が勤めていたリハビリをメインとした施設が、ある日、経営難で身売りしてしまったのです。その後、S社グループに吸収され、中国人が代表に据えられた。不思議に思ってS社グループを調べてみると、中国系のコンサルタント会社が入り、M&Aを繰り返していたようでした」

だが結局、S社グループも連鎖倒産することになる。

「ある日、従業員が集められて、『明日から会社がなくなります』と、役員から説明があったそうです。最も困るのは従業員や、その家族、そして何よりも施設の利用者たちです。会社が潰れるとわかってからは、ケアマネが利用者を他の施設に移動させようと必死で動いていたそうで、現場も大混乱していました。従業員の間では、これだけ会社の規模を拡大しておきながら、税金や取引業者への支払いの未納を膨らませていたことから、悪質な計画倒産ではないかと噂されていました。社長や幹部は、介護をカネ儲けの道具としてしか見ていなかったんだと残念でなりません」

介護に携わる経営者は、会社の利益だけでなく、介護への理解と理念が必要なのではないだろうか。

S社の社長は、全国に百五十超の介護や福祉関連施設を作った経験を元に本まで出版している。同書の中では、自身の生い立ちから、いかに苦労して成功したか、地域社会への貢献を目指していることなどが書かれており、サクセスストーリーのようにも読める。

そして、書籍の帯にはこうあるのだ。

〈従業員、取引先、利用者　それぞれの幸せを突き詰めれば社会が求めるヘルスケア事業が見えてくる〉

別の元従業員は、こう吐き捨てた。

「美辞麗句を並べていても、会社が潰れたことで従業員や利用者に迷惑をかけ、取引先にも不払いを起こしている。経営破綻によって一体どれだけの人を苦しめたかを、一度でも考えたことはあるのかと言いたい。そして、私が利用者や家族の方に言いたいのは、施設の経営者や責任者の言葉を鵜呑みにして、経営の実態を見極めることを怠れば、後悔することになるということです」

「身元保証」ビジネスの謎

介護業界の規模は年々拡大し、そのビジネス形態も多様化している。中には悪徳業者も紛れ込み、高齢者を食い物にしている現実がある。

〈叔父の死後、不可解な出来事が起きています。〉

二〇二三年一月、週刊文春編集部に一通のメールが届いた。メールの差出人は、北陸地方に住む篠田亜紀さん（仮名）。メールの概要は次の通りだった。

生前の叔父は中部地方の老人ホームに夫婦で暮らしていたが、妻に先立たれた。叔父には二人の兄弟がいるが、高齢ということもあり疎遠になっていた。身寄りのない叔父は二〇二二年七月に賃貸マンションで息を引き取った。

篠田さんが叔父の死を知ることになるのは、それから半年近くが経った翌二〇二三年一月だ。裁判所から一通の封書が届いたことがきっかけだった。封書の中には「遺言書検認期日通知書」と書かれた紙が入っており、叔父の遺言書の検認手続きをしてほしいと書かれていた。

篠田さんは叔父の相続人という立場だ。ところが裁判所からの資料には、「大崎郁子（仮名）」という聞いたこともない女性の名前が、遺言書検認の中立人として書かれていた。叔父が遺言書で財産を渡すと指定した相手のことだと、篠田さんはすぐにピンときた。

この大崎郁子とは一体誰なのか。叔父は、どういう経緯で亡くなったのか。なぜ叔父の死後に姪である自分に連絡がなく、今になって裁判所から連絡がきたのか。様々な疑問が一気に押し寄せ、理解が追いつかなかったという。

篠田さんが疑問に思った点は他にもある。なぜ叔父は自宅があるにもかかわらず、老人ホームを出て賃貸マンションで一人暮らしをしていたのか。誰が叔父の葬儀をして、火葬を済ませたのだろうか。遺骨はどこに埋葬されたのか。叔父の自宅や賃貸マンションの荷物は誰が整理したのか。

そして最も不可解だったのが、なぜ叔父は大崎郁子に財産を渡すという遺言書を書いたのかということだった。そもそも遺言書は、叔父が本当に書いたものだろうか。

まるで後妻業のよう――。編集部に届いたメールには、そんな言葉も書かれていた。

遺言書の検認手続き日を通知された篠田さんだが、指定された日時に裁判所へ出向くことができなかったため、代わりに別の親族に出てもらうよう頼んだという。遺産を受け取る側の申立人・大崎も裁判所に出向くはずだったが、当日現れたのは大崎の弁護士だった。そこで、大崎郁子が叔父の身の回りの世話をしていたヘルパーであったことが明らかになったのだ。

ある日、篠田さんはその弁護士に電話をかけた。数々の疑問について弁護士から話を聞こうと考えたのだが、回答は曖昧なものだった。

「大崎の連絡先も、叔父の遺骨がどこにあるのかも教えてくれませんでした。遺言書を送って欲しいと頼んだのですが、催促のメールをしても、しばらく送られてくることはなかった」

苛立《いらだ》った彼女は、ケアマネ、ソーシャルワーカー、福祉事務所などに連絡をし、自ら調査を始めた。そして、生前の叔父を生活面でサポートしていたというNPO法人の名前を突きとめた。遺産を受け取る大崎郁子は、このNPO法人の職員だった。

同法人の主な業務は「身元保証」。親族にかわって老人ホームや賃貸物件の保証人になったりするサービスだ。ホームページでは、提携する弁護士が利用者のサポートをすると謳われている。このNPO法人は身元保証の他にも、葬儀支援や生活支援、遺品整理なども行っているという。

調べれば調べるほど、篠田さんのなかで、ある疑惑が深まっていった。

「弁護士もNPO法人も、大崎も寺も、みんなグルなのかもしれない……」

弁護士と約束した期日が過ぎても、篠田さんのもとには遺言書が郵送されてこなかった。彼女が地元の警察署へ相談に行くと、担当した刑事は「その話が本当なら、詐欺事件の可能性もありますよ」と話した。後日、刑事が弁護士に確認の電話を入れると、「これから準備して送ります」などと回答があったそうだ。

篠田さんはさらに調べ、叔父が老人ホームを退去し、介護を受けるためにと入居していた賃貸マンションの運営会社もわかった。訪問介護をしていた業者名、訪問ナースステーションや埋葬された寺院の名も同時に判明した。この寺院が運営しているSNSを見ると、NPO法人と繋がっているように思える記載もあったという。決定的証拠はないが、叔父の介護や死後に関わった関係者は全員繋がっているように思えてならなかったと、篠田さんは語る。

「叔父が埋葬されていたのは、中部地方にあるお寺でした。叔父は自分が死んだら（北陸地方の）実家近くにある菩提寺の墓にいれてほしいと言っていたと父から聞いていたので、なぜその叔父が、中部地方のお寺に埋葬されたのか疑問です」（篠田さん）

月に百四十万円もの請求が

篠田さんが独自に手に入れた複数の資料を見ると、不可解な点がいくつもある。

例えば、叔父が亡くなった月の請求書には、「葬儀代　二十二万円」と共に、葬儀会社名が記されていた。「永代供養代　五十万円」という記載もある。近県に身寄りがないのに、本当に二十二万円の葬儀を行ったのか。そして、なぜ永代供養代が五十万円もかかる寺に埋葬されたのだろうか。

さらに請求書からは、叔父の家にNPO法人がヘルパーを一名派遣し、生活支援をしていたことが読み取れる。日曜日以外の毎日十八時から十九時半まで、叔父の賃貸マンションで生活支援を行っていることになっていた（月曜日に限っては二時間）。よほど遠くから通っていたのか、交通費は毎日千六百九十六円も請求されている。

生活支援に関する請求書を辿っていくと、二〇二二年七月の請求額は、なんと約百十万円にものぼっていた。それだけではない。叔父は居宅介護支援事業所による介護サービスを利用していたようで、その額は月額約三十万円にものぼっていた。二つの請求を合計すると、多い時は月に百四十万円も、介護にかかっていたことになる。

それらの費用は叔父の死後、NPO法人などに入金されている。だが、振込明細をよく見てみると、死んだはずの叔父が入金していることになっているのだ。振込明細の支店番号から、NPO法人の所在地のすぐ近くのATMを特定できたが、一体誰が入金を行ったのだろうか。

突然の「相続放棄」宣言

大崎の弁護士からは後に遺言書が送られてきたが、そこには確かにこう書かれていた。

〈大崎郁子（以下住所の記載）に対して遺言者が所有する全ての遺産を遺贈する。〉

遺言書の日付は二〇二一年十二月十七日、叔父が亡くなる約七か月前のことだ。

大崎の弁護士は篠田さんと電話でこうやり取りしたという。

――（篠田さん）普通、赤の他人に財産を全て遺贈するという遺言書を作成させますか？

弁護士「いや、このNPO法人では入所者の方たちに遺言書を作成させて葬儀などをしていますよ」

――死亡後の後始末にかかる費用があるのなら、大崎郁子に全財産を遺贈するという遺言書を作成しなくても、NPO法人に叔父の預金を寄付するという契約を結べばいいだけではないですか？

弁護士「寄付という形にするとNPO法人に税金がかかるから大崎個人にしたのです。死亡後にかかった費用を精算して残りは親族に返します」

――死亡後に精算し、残りの預金を親族に返すつもりなら、遺言書を作成させなくてもいいのでは？

弁護士「じゃあ、通帳を送付しますよ」

弁護士の話は、その場しのぎの対応にしか聞こえなかった。大崎はNPO法人の職員として身の回りの世話をしていただけのはずなのに、なぜ遺産を大崎個人が受け取るのか。その疑問に対する明確な回答も得られることはなかった。

「納得できないことが多々あったので、一つ一つ説明してもらおうと、ケースワーカーを通じて大崎郁子に手紙を書きました。すると今度は大崎の方が、『相続を放棄する』と弁護士を通じて言ってきたのです。弁護士さんからも経緯をまとめた手紙を頂きましたが、細かなことは書かれておらず、真相は分からないままでした。私が騒いだため『これはまずい』と思ったのでしょう。大崎は相続を放棄することになりましたが、この人たちは叔父の他にも同じような手口で遺産を得ているのかもしれないと思ったのです」（篠田さん）

弁護士を通じてNPO法人から送られてきた手紙には、事の経緯が次のように記されていた。

〈NPO法人及び大崎郁子としましては、ご親族との連絡が困難な案件として、ご紹介を受けており（略）ご親族のお話を一切伺うことはありませんでした。従前居住していたご自宅の片づけ業者からも頻繁にご親族とやり取りしている様子との報告もなく、また、施設入所後、ご親族からの書面のやり取りや電話連絡等も一切なかったことから、連絡不可

能と判断した次第です。〉

遺言書作成の経緯についても釈明があった。

〈ご自身が亡くなった後の対応を懸念しており、ご親族にも頼ることができない、施設やNPO法人に迷惑をかけたくないからという理由で遺言書作成のご希望がありました。〉

遺言書作成の際には、NPO法人の職員一名と、大崎郁子が立ち会いの上、介助しながら作成したというのである。

最後は、こう結ばれていた。

〈当方としましては、遺言書が無効とは考えておりませんが、ご相続人の皆様のご意向に反して、手続きを進めるつもりは全くありません。大崎においては、家庭裁判所に相続放棄の申請をする予定です。〉

NPO法人、ヘルパー、片づけ業者、葬儀屋、寺、弁護士などが連携し、死が近い高齢者に群がって儲けようとしていたのではないかと、篠田さんは今も疑っているという。

〝終末ビジネス〟で増えるトラブル

「遺品整理をすると時々高価なものや現金が出てくるんですが、それが結構おいしいんですよ」

そう話すのは十年以上前に介護施設を経営していた男性だ。高齢者が亡くなり遺品整理を行う際に出てきた金目のものは、懐に入れていたと振り返った。立派な犯罪行為であるが、こうしたことは珍しくないらしい。もちろん、真面目に仕事をする業者も多いのだろうが、中には悪質な業者がいてもおかしくはない。

死を目前にした高齢者に群がる業者たち。そんな〝終末ビジネス〟で最近目立っているのが、前出の篠田さんの叔父をサポートしていたNPO法人のような「身元保証会社」の存在だ。病院や介護施設などに入所する際の身元保証に加えて、葬儀や死後の事務手続きを代行してくれる。

総務省が実施した「身元保証等高齢者サポート事業における消費者保護の推進に関する調査」（令和5年8月）によると、包括と消費生活センターが把握している「身元保証」の事業者の数は、地方公共団体や社会福祉協議会などを除き、ネット上の事業者を加えると、少なくとも四百十二になるとのことだ。その多くが、一般社団法人、NPO法人、株式会社の経営形態だという。

こうした民間の身元保証会社では、「預託金を含めた初期費用は、だいたい百五十万円が相場」（ベテランの男性ケアマネ）だといわれている。

身元保証などの高齢者サポート事業は、一見便利そうではあるが、直接管理・監督する法令や制度等がないため、課題やトラブルも多い。高齢者から預かった預託金を流用し破綻した業者まである。

国民生活センターによると、「高齢者サポートサービス」を巡る相談は二〇一七年度は七十四件だったが、二〇二二年度には百九十四件にまで増加した。

同センターにはこんな相談が寄せられているという。

〈病院から身元引受人と連帯保証人を求められた。近くに身元引受人になってくれる人がおらず、知人に勧められて介護事業者に相談したところ、高齢者相談窓口のケアマネージャーを紹介された。そのケアマネージャーと一緒に高齢者サポートサービス事業者が来訪し、勧められるままに契約書にサインをした。その後に契約書面をよく確認すると、身元引受人契約に加え、日常金銭管理や死亡後のことまでの生涯にわたる契約をしてしまったことに気が付いた。解約したい。（当事者：70歳代　男性）〉

今後、さらなる高齢化にともない業者の参入が増えれば、トラブルの増大は必至だ。先の総務省の調査では、高齢者サポートについて次のような課題が挙げられている。

① 加齢等により判断能力が不十分になることも想定される高齢者が契約主体である
② 死後事務等も含めると、契約期間が長期にわたる
③ サービス内容が多岐にわたり、サービス提供の方法や費用体系も一様ではないため、事業者の比較検討が困難である
④ 契約金額が高額、かつ、費用の一部の支払いはサービスの提供に先行する
⑤ 契約内容の履行を担保できる者が不在である場合が多い

前出の篠田さんは「叔父は（サポートを受けていた）当時、認知症だった可能性もある」と話した。本人の判断能力が不足していれば、悪質なサービスに加入させられる可能性も高くなる。高齢者サポートについては、民間だけでなく、包括や市区町村、地元の社会福祉協議会でも相談ができるので、まずは行政に頼るのが安全かもしれない。ただし、高齢者サポート事業者を管理・監督する法令や制度を整えない限り、悪徳業者は跋扈《ばっこ》し続けることだろう。

第五章　ブラックすぎる介護職

自ら命を絶った介護職員

二〇二一年二月中旬、関東地方にある二階建てのアパートを訪ねると、引っ越し業者の作業員数名が、部屋の中の荷物を慌ただしく搬出していた。この部屋に住む吉田健司さん（仮名・享年41）が息を引き取ったのは同年一月のことだ。吉田さんは自宅の浴室で練炭を使い自ら命を絶った。

この日、離れて暮らす親族らが、吉田さんの部屋を片付けるためにアパートに来ており、その合間に、親族の一人が私の取材に応じてくれることになっていた。

生前、吉田さんは大手介護関連企業の社員として働いていた。勤務先は自宅から自転車で十分ほどの場所にあるグループホームだ。グループホームとは、介護が必要なお年寄りが、少人数で共同生活を送る介護施設のこと。その施設で吉田さんは施設長を任されていたという。

遺体の第一発見者は、吉田さんの職場の同僚だった。その日、出勤するはずの吉田さんが職場に姿を見せないことを不審に思った職員は、何度か彼の携帯電話に架電したが繋がらなかった。午後三時頃、吉田さんの自宅を訪ねると、玄関の鍵が開いていた。部屋の中に入ると、浴室のドアに白いA４の用紙が貼られており、大きな字でこうタイピングされていたという。

〈一酸化炭素中毒に注意〉

ドアを開けると、そこには変わり果てた吉田さんの姿があったのだ。

司法解剖の結果、死亡推定時刻は同日午前十時頃。命を絶ってから約五時間後に吉田さんは発見されたことになる。吉田さんの親族は後日、第一発見者の職員にお礼をいうため電話をかけた。だが、対応した職員の何気ないこんな一言に、強い違和感を覚えたという。

「（吉田さんは）肩の荷が降りたような、ほっとした表情をされていましたよ」

肩の荷が降りた――。一体どういう意味なのだろうかと親族は思った。同時に、吉田さんが度々こう漏らしていたことを思い出したという。

「仕事が忙しい」

施設長という責任ある立場であれば忙しいのも当然だろう。だが親族の話によると、吉田さんから来たＬＩＮＥや過去の言動などから、度を越えた過酷な労働を強《し》いられていた可能性があると感じたという。

例えば、吉田さんから送られてきたある日のＬＩＮＥには、夜勤明け、そのまま日勤に就いていることが記されている。

さらに前年のお盆や年末、そして二〇二一年の正月も、実家に帰省できないほど多忙を極めていた。職員が休むと施設長である吉田さんしか穴を埋める者がいなかったという話もあった。そうしたことから親族は、過酷な業務が常態化していた可能性が高いと推測し、こうした状態を放置していた会社に不信感を抱いたのだった。

「会社が人を入れてくれない」

地方出身の吉田さんは、地元の高校を卒業すると、大学入学のため単身東京に出てきた。大学は理系で、趣味はコンピュータとゲーム。兄弟想いの優しい性格だった。吉田さんは大学卒業後も就職できずに就職浪人をしていた。そこで介護の仕事をしている親族が彼に「介護の資格を取っておくと将来役に立つから」と声をかけたのが、介護の道に進むきっかけとなった。

親族の言葉を信じ、吉田さんは資格取得の勉強に励んだ。そして彼が通ったのが、ある大手介護関連企業の講習会だった。

「講習を受けた際に会社の人と知り合い、その人に誘われてそのまま入社することになったと聞いています」（吉田さんの親族）

二〇一〇年十一月、吉田さんはその大手介護関連企業へ入社した。

「これから不規則な生活になるから」

入社前、そう親族に告げた吉田さんは、介護士としての人生をスタートさせたのだった。最初は介護職員を経験し、数年後にはフロアマネジャーへと昇格。介護の世界に足を踏み入れるきっかけとなった親族とは、時々連絡を取り合っていた。

「利用者の方が亡くなったよ」

あるときは職場での辛《つら》い体験も語っていたという吉田さん。しかし着実に介護職としての経験を積み、二〇一八年頃から施設長を任されるようになった。

当時、吉田さんの給与は手取りで二十五万円前後。ボーナスは二十二、三万円。決してよいとはいえない待遇だが、それでも吉田さんは介護の仕事が好きだったという。しかし、こんな愚痴をこぼしたこともあった。

「会社が人を入れてくれない」

吉田さんの施設は慢性的な人手不足の状態だった。だが、吉田さんが本部にかけあっても人員を増やしてもらえないという状況が続いていたという。

「これ以上、健司のような犠牲者を出してほしくないと思っていますので、会社にはしっ

かりと原因を究明してほしいです」（前出・吉田さんの親族）

人材紹介会社が荒稼ぎ

二〇二四年一月、東京商工リサーチが公表した「2023年『老人福祉・介護事業』の倒産、休廃業・解散調査」によると、二〇二三年に倒産した老人福祉・介護事業は百二十二件で、過去二番目の多さだったという。このうち訪問介護事業者の倒産は六十七件にのぼり、過去最多を大幅に上回った。倒産まではいかないものの、休廃業や解散をした介護事業者も、最多の五百十件を記録。主な原因には、「販売不振（売上不振）」「他社倒産の余波」などが挙げられている。東京商工リサーチは、ヘルパーなど介護職員の人手不足や高齢化が深刻であることなどを挙げ、「2024年は一段と小・零細事業者の倒産、休廃業・解散が増勢を強めるとみられる」と予測している。

人材不足による弊害もすでに生まれている。第二章で紹介した老健の責任者である坂本さんは、介護業界の現状をこう解説する。

「どこの施設も人が集まらない状況は年々深刻になっており、特にこの五年は採用コストが高くなってきています」

厚労省が発表した「厚生労働白書」（令和4年版）によれば、介護関連職の有効求人倍率は、二〇〇五年が一・三八倍だったのに対し、二〇二一年には三・六四倍と大幅に増えている。特に東京は四・九一倍、大阪が四・〇九倍と深刻だ。求人広告を出しても応募者が来ないため、介護人材の派遣や紹介をしてくれる業者を使う施設が多いと坂本さんはいう。

「こうした業者を使って介護スタッフを一人雇う場合、業者にスタッフの年収の二、三〇%を支払うことになるんです。年収四百万円なら八十万〜百二十万円の支払いになる。最近では年収に関係なく、一人につき百万円の紹介料を業者に支払うというのが、この周辺での相場。そんな高額の金を払ってでも、人を雇いたい状況なんです」

高額の紹介料が施設の経営を圧迫するという、理解しがたい構造が出来上がっているのだ。

売上至上主義に傾倒

このような中では、経営者もなんとか儲けを出そうと躍起になる。

自ら命を絶った吉田健司さんへと話を戻そう。吉田さんがかつて働いていた会社で、ケアマネジャーをしている男性が、週刊文春編集部にこんな情報提供をしてきたことがある。

〈私はA社（メールでは会社名）でケアマネジャーをしています。自社のサービスを使うように厳しく利益誘導、利益供与を強要されています。十六年ほど前にコムスン（筆者注：かつて存在した訪問介護サービスの最大手）が同じようなことをしていました。ケアマネは公正中立の立場で介護保険サービスを使うことが義務づけられていますが、A社では自社にサービスをどれだけ連動できたかで評価され、その金額に比例して手当をもらっています。それが利益供与にあたると思います。また、ケアマネの自社への連動金額が少ないと、会議で叱責され、異動を命じられたりします。毎日会社と法律のはざまで苦しんでいます。日本最大手のリーディングカンパニーであるA社が、そのような不正をしていいとは思いません〉

関係者の話によると、A社には〈サービス品質向上手当〉と呼ばれるものが存在し、自分が担当した利用者へのサービスの売上に応じて、手当が支給される仕組みになっているという。自身の売上が上がるほど給与が増える。こうなると、会社全体の雰囲気が売上至上主義に傾倒していくのは容易に想像できる。会社と利用者の間で葛藤する吉田さんのような人がいる一方で、売上アップに必死になる職員も多くなるだろう。

果たして、介護という福祉事業を担う会社が、売上至上主義の経営でよいのか。このような体質は介護職を疲弊させるだけでなく、結果的に利用者にも何らかの形で跳ね返ってくるはずだ。

介護職の待遇は改善している？

通常三年ごとに改定される介護報酬を始め、政府による介護保険制度の改革や新しい取り組みは常に検討されている。職員の処遇や介護サービスの提供体制など、新制度によるメリットも大きい一方で、現場の介護職員たちが苦悩を抱えることもあるようだ。

「介護って、仕事が大変な割に給与が安いと言われていますけど、昔に比べたら徐々に改善していて、世間がいうほど酷い待遇ではないいんですけどね」

そう話すのは前出の大阪にある老健の責任者・坂本さんだ。彼が介護職に就いたのは約二十五年前のこと。大卒の彼でも当時の給与は十万円ほどで、そのうち基本給が八万円だった。しかし現在は、同施設の職員の基本給は十七万円にまで増えたという。とはいえ、やはり介護職の賃金は低いと言わざるを得ない。

坂本さんのように「世間がいうほど酷い待遇ではない」と思える人がいるのも事実だが、私はまだまだ介護職の待遇は改善すべきだと考えている。

厚労省が発表した「令和3年度介護従事者処遇状況等調査結果」によれば、介護職（常勤）の平均基本給は約十八万七千円だ。さらに、二〇二一年十一月に内閣府が発表した公的価格評価検討委員会（第1回）の資料によれば、役職者を除く全産業の平均賃金は、月額三十五万二千円なのに対して、「介護分野の職員」の平均賃金は二十九万三千円と低い。昔に比べると徐々に改善してきているとはいうものの、平均には届いていないのが現状だ。

岸田文雄内閣では「看護、介護、保育、幼児教育などの現場職員の収入引き上げ」を政策の目玉としており、介護職の待遇改善に取り組む姿勢をみせているが、十分とは言い難いのが現実だ。政府は二〇二四年度から介護報酬を一・五九％引き上げたものの、現場からはこんな声が聞こえた。

「たった一・五九％引き上げたくらいで、介護職の人材不足が解消されるとは思えない」（介護施設責任者）

「給与をどれだけアップするかは、結局のところ経営者のさじ加減で決められるため、介護報酬が引き上げられたからといって、ほとんどの介護職員は給与がアップしないのが現状です」（現役介護士）

燃料費をはじめとして昨今の物価上昇が経営を圧迫する中、上乗せされた介護報酬は施設の維持管理に消えてしまい、職員の賃金増に直結していないケースが多いというのが実態のようだ。

深刻なケアマネ不足

しかも、政府が進める待遇改善には、ある〝矛盾〟がある。

「近年、介護職員等特定処遇改善加算と呼ばれる制度などが導入され、介護職の賃金は上がりつつあります。ただ、現行の制度では、居宅の介護をしているケアマネの賃金については除外されているのです。ケアマネの収入を介護士の収入が上回ってしまうという現象まで起きつつあります。介護の業務はケアマネをトップに据えて回していくものなのに、そのケアマネの担い手が減ってしまうのではないかと、業界内では危機感がもたれています」（前出・現役介護士）

厚労省老健局の担当者に話を聞くと、二〇二二年十月から始まった介護報酬の改定に伴い新設された「介護職員等ベースアップ等支援加算」では、加算額の一部を施設に所属するケアマネにも振り分けられるよう、制度が緩和されたという。ただ、ケアマネだけが所属しているような居宅介護支援事業所は対象外だ。この制度はあくまでも、ヘルパーなど低賃金の介護職に対するベースアップを目的としており、ケアマネの待遇改善を目的としていないからである。

介護の「司令塔」であるケアマネの待遇改善が進まず、こんな弊害も出ている。

「実際にケアマネの担い手が減り、深刻な問題が出てきている自治体もあります。ケアマネが足りないため、なかなかケアプランが作成されないというのです。ケアプランがなければ介護ができないわけですから、介護難民が増えていくことにもなりかねません」（前出・ベテランの男性ケアマネ）

ケアマネになる試験を受けるためには、看護師や介護福祉士などの国家資格、五年以上の実務経験などの条件を満たしている必要がある。試験に合格したあとも研修を受けて初めて資格を取得できるので、そのハードルは高いものになる。さらに、ケアマネの上には主任ケアマネという資格があり、所定の研修をうけてケアマネの取り纏《まと》め役を担う。

その一方で、仕事の負担は増えている。ケアマネには、受け持つ利用者の人数が四十名を超えた場合、介護報酬を減額されてしまうという制度上の決まりがある。二〇二一年の法改正で一定の条件を満たせば四十五名まで認められることになったものの、そうした背景には一人のケアマネが受け持つ人数が増大しているということがある。

「ケアマネが不足している」という声は介護現場でもよく聞くが、資格取得までのハードルが高く、業務が多忙なうえに報酬も低いとなれば、人材が不足するのも当然だろう。

こうした状況を鑑みて、厚労省は二〇二四年度から新たな対策を実施する。本来、各施設には主任ケアマネを配置しなければならない決まりだが、一定の経験があれば無資格でも主任ケアマネとして認めるようにするというのだ。

「まさに小手先の対応で、これでは主任ケアマネを目指す人は減っていく一方でしょう。人材の育成について真剣に検討しなければ、根本的な解決につながりません。実はこれまでも人材難により、無資格者が主任ケアマネの代わりをしていた施設があり、曖昧な運用がなされてきたのが現実です。いずれにしても、無資格でも構わないと正式に認めてしまえば、一人のケアマネが複数のケアマネを統括するわけで、介護現場に歪《ゆが》みが生まれるでしょう」（同前）

幹部職員からのパワハラと暴行

進まない介護職の待遇改善。なかには劣悪な職場環境で、神経をすり減らす人もいる。

〈エスカレートしていったら殺されるかもしれない〉

ある社会福祉法人で働く佐高幸次さん（仮名）は、施設長から受けた被害の状況を細かくルーズリーフに綴《つづ》っていた。佐高さんは〈殺される〉と危機感を覚えるほど、追い込まれていたという。

この社会福祉法人は、特養やケアハウスを長年にわたり経営している。理事長は法人創立者の子にあたり、特養の施設責任者を理事長の息子が務めている。佐高さんは取材当時、勤続十六年のベテランだったが、施設長から度重なる暴力やいじめを受けていたというのだ。

地元の介護関係者が明かす。

「この社福は地元の名士が経営していることで知られており、何年か前に開かれた創立記念パーティーには衆議院議員を招いて、経営者一族の力を地元に見せつけていたことがありました。ただ、元スタッフや出入りの業者からは、『パワハラが凄いらしいよ』『相当なブラック企業のようだ』なんて悪い噂も聞こえてきていた。そんな噂が真実味を帯びてきたのは約十年前。理事長がアルバイトの介護士に対して暴行を加えたとかで逮捕されたのです。介護士が指示に従わなかったことに腹を立てた理事長が、足蹴りをして一週間の怪我を負わせたことが報道されました。そんな事件があったにもかかわらず、未だに社福の理事長は同じ人物が務めているのです」

佐高さんが二〇一九年に書いたメモにはこうある。

〈左足を何回も蹴られ、胸ぐらをつかまれ、床にたたきつけられる。その際に頭を打ち意識もうろうとしている中、胸ぐらをつかまれ、更に殴る等の暴行を受ける〉

さらに、同年八月六日のメモ。

〈10時頃、施設敷地内の草取りをしていたところ、施設長に呼ばれ「30分もあれば終わるだろ！」「サボってんじゃねえよ！」等の暴言あり〉

施設関係者によると、この暴行時、近くには目撃者が二名いた。一人は、主任で栄養士の女性だが、彼女は施設長と親密な関係にあるそうだ。その女性は、暴行を受けている佐高さんを横で笑ってみているだけだったというのだ。佐高さんは暴行の内容も詳細に記録していた。

〈一発目、平手で顔　↓　メガネ飛ぶ。
二発目　平手で顔
胸ぐらをつかまれ、正座させられる。顔を摑まれ、事務所カウンターに押し付けられ、ねじふせられた後、頭部、顔面を何度も蹴られた（30分位の間、断続的に暴行、暴言を繰り返される）。その後、暴行によってできた腫瘤を見た施設長が保冷剤を差し出す。その後、体中に痛みはあったが通常勤務に戻る。
18：00頃まで、何とか仕事をし、その後、その他の業務にて精米に行き、戻るとまた施設長に呼び出されて詫び状を書かされる。何度も書き直しさせられようやく20：00頃書き終えるも、20：00から21：20までたたされたまま説教〉

関係者によれば、施設長の趣味はダンスだそうで、佐高さんもダンス練習を強要され、練習中にメガホンで叩かれたり、暴言を吐かれることもあったという。

さらに佐高さんはメモに、
〈休みもなく働かされ家庭も崩壊〉
〈何度も退職届を出しているが受理されず〉
〈もう、精神的にも、肉体的にも追い込まれてる〉
〈毎月、罰金等の理由で金銭搾取され、また辞める意向を伝えれば迷惑料などと言っていくら請求されるかわからない〉

などと記しており、かなり追い詰められている様子がわかる。その後、支援者の協力を得て警察への相談を検討。今後、事態がどう動くかが注目される。

二〇二三年、千葉県茂原市の社福が運営する特養でも、幹部職員による介護職員らへのパワハラが行われたことが報じられている。事件を報じた読売新聞によれば、社福の幹部は職員に対して、「転倒事故などの報告書を何度も書き直させる」「部屋に拘束して激しく叱責する」「不当な評価による嫌がらせを行う」などの行為をして、介護職員らが次々と退職したという。その後、社福は同幹部職員を懲戒処分にしたというが、こうして事件が表面化するケースは少ないのが現状だ。

モンスター化する利用者の家族

介護職員の苦悩は尽きない。利用者の家族に、昔と比べて変化がみられると話すのは前出の坂本さんだ。

「ご家族の意識が大きく変わってきました。介護サービスの質について、目が肥えてきたのだと思います。以前は、施設で預かってくれるだけで有難いと思われていました。ところが今は、看て当然、ここまでするのは当たり前、と過剰な要求をしてくる方がいるのも事実です。もちろん看るのは当然のことですが、中にはまるでモンスターペアレントのように、度を越えた方もいるのでね……」

家族との面談時、無断で録音されるのはよくあることだという。居室に録音機やカメラが仕掛けられていることに、介護スタッフが偶然気づいたこともあるそうだ。

「ご家族の方には、施設に入っていることを知られたくない他の入居者もいらっしゃるので、施設内での撮影はやめて欲しいと丁寧に説明し、理解してもらうしかありません」

度々報じられる高齢者虐待のニュースを見て、どんな介護をされているのか家族は心配になるのだろうと、坂本さんは言った。

「火のない所に煙はたたないわけですから、ご家族の方が心配になる以上、私たち介護する側にも何か原因があるのかもしれないと考えるようにはしています」

とは言うものの、家族からどんなクレームをつけられるかわからないと、萎縮してしまうスタッフもおり、施設側と利用者側の信頼関係を構築する難しさが年々顕著になっていると明かした。

入居者の中には、介護を拒否する人、介護士をひっかいたり叩いたりする人もいる。食事の介助の際、わざと介護士の顔に向かって食べ物を吐き出すこともあるそうだ。

「理不尽だからといって怒らないようにと日頃からスタッフには言っています。だけど、介護する側も人間ですから、内心では腹がたつこともあるでしょう」

そうした本心が一瞬でも表情に出てしまえば、利用者や家族の誤解を生むこともある。過酷な介護現場、慢性的な人手不足。それに加えて家族からの厳しい視線。そんな状況に頭を抱えているのは、この施設に限ったことではないのだろう。

二人の利用者に一人のスタッフが理想

どうすれば利用者や家族が満足する、手厚い介護を実現できるのだろうか。坂本さんはこう続けた。

「三人の利用者さんに対して、常勤の介護職員か看護職員が最低一人はつかなければいけないという、行政が決めた人員配置のルールがあります。利用者さんが九十人の施設なら、最低三十人のスタッフが必要となる計算です。だけど、きちんと介護をしようと思ったら、三十人では全然回らないですよ。私の感覚では、二人の利用者さんに対して介護スタッフが最低一人は必要だと思っています。うちの施設では介護士に加えて、リハビリのスタッフや相談員、医師、事務員なども合計すると、利用者さんよりスタッフの数の方が圧倒的に多いんです。そうして介護もようやく回るようになる」

人が増えるほど介護は手厚くなる。だが人件費といった経営面を考えると、職員の待遇を上げることは容易ではない。一方で、給与水準が低ければ、更に人材難になってしまう可能性もある。

第二章でもふれたが、ある施設では、清掃スタッフとして採用した人を、書類上「介護士」として、行政で決められた介護士の最低人数と帳尻を合わせているという。

「そのような施設は、そもそも介護士が足りないわけですから、利用者さんが助けを呼んでも誰も来てくれないとか、業務自体が回っていないはずです。スタッフの業務量はどんどん増えるので、離職率が高くなる。さらに手が回らなくなって、利用者さんやご家族からのクレームも増えてくる。もう負のスパイラルに陥るだけでしょうね」（同前）

現状を変えるにはどうすればいいのか問うと、坂本さんはしばらく沈黙した後、こう続けた。

「まずは介護現場の現状を、もっと自治体の担当者やご家族に知ってもらうことしかないのかも知れません」

“正解”がわからない介護現場

制度と現実の狭間で、悪戦苦闘する介護職員もいる。

二〇二二年三月下旬、都内の喫茶店で待ち合わせたのは四十代の看護師、田中理恵さん（仮名）だ。彼女は埼玉県内のデイケア（通所リハビリテーション）施設で働いており、紹介者である知人が同伴することを条件に、取材を受けてくれることになった。仕事帰りに現れた彼女にまず、介護職の苦労について尋ねてみた。

「確かに、認知症の方の入浴介助の際、服を脱がそうとすると、追いはぎにあっていると錯覚されて突然暴れ出す方もいます。女性職員の中には、男性の利用者さんの暴言や暴力にあったり、身体を触られることもある。でもうちでは、みんなプロとして働いていますから、そうした場面にはうまく対処していますよ」

もちろん全ての介護・看護職員が、田中さんのようにプロ意識をもっているとは限らない。社会では介護施設での虐待を伝えるニュースが相次いでいるのも事実だ。虐待をおこなっている施設はどれくらいあるものなのか。再び彼女に疑問をぶつけてみた。

「稀ではないですよね。別の介護施設で働く看護師の知人からは、虐待現場を見たという話を聞いたことがあります。ただ、虐待と言っても身体的なものから精神的なものまでいろいろとあります。利用者さんが虐待されたと思っていても、スタッフは虐待していた認識が全くないこともある。こちらが発した言葉で利用者さんが傷ついているのに、スタッフには全く悪気がなく、気にも留めていないこともあります。

例えば、うちの施設では利用者さんを苗字で呼び、会話では敬語を使っていますが、施設によっては利用者さんと友達のように距離を縮めたいという思いから、愛称で呼んだり、敬語を使わないところもあります。そうした対応は、利用者さんが不快な思いをされていないのなら間違いではありませんが、いつも正しいとは言い切れない。結局、介護の現場は〝正解〟がわからないことばかりなんです」

田中さんは、厳格な制度が定められていることが、介護現場を混乱させている要因の一つではないかと話した。

「介護と一口に言っても、国や行政、施設ごとに、やっていい介護とダメな介護が明確に決められています。利用者さんが望むなら少しくらいルールを破ってもいいのではないかと考える介護職がいる一方で、決まり通りにやらないと絶対にダメだと考える者もいる。どちらが利用者さんに寄り添った本当の意味での介護なのか、介護スタッフによって捉え方は様々です」

ルールとは一体どういうものなのか。

「例えば、デイサービスの利用者さんのご自宅に車で迎えに行くと、約束の時間になっても出てこない方がいらっしゃいます。まだ着替えが終わっていないとか、ベッドから出られないという場面に遭遇することはよくある。次の方のお迎えの時間もあるので、スタッフは早く身支度をしてもらいたいと焦りますよね。でもルール上では、送迎スタッフは家の中に入ってはいけないことになっている。ベッドから身体を起こしてあげたり、着替えを手伝ったりすることは出来ないのです」

送迎スタッフの業務は送迎のみのため、スタッフの勝手な判断で自宅に上がることは許されないのだ。

二〇一五年度の介護報酬改定により、三年以上働いている介護職員や介護福祉士、看護職員などに限っては、利用者の着替え、ベッド・車椅子への移乗、自宅の戸締まりを手助けできるようになった。具体的には、一日三十分以内と決まっており、サービス提供時間に含めることになっている。こうした制度改正はなされたものの、実際の介護現場では介護福祉士や看護職員が不足しており、無資格のスタッフで対応せざるを得ないことも多いという。

「私たちは本来、ケアマネが決めたケアプランに記載された内容や、事業所の管理者が作成した通所介護計画書に基づいてサービスを行っています。ベッドから起こして着替えを手伝うような介助をおこなうのであれば、事前にケアマネと取り決めておくのがルールです。過去にスタッフが親切心から家に上がり介助をしたところ、利用者さんから『財布を盗んだだろ』と言いがかりをつけられ、トラブルになったこともありました。そのようなトラブルが起こった時、誰が責任をとるのかという問題も出てきます」

一方、ルールを厳守しようとしても、利用者から「そんなことも、やってくれないの？」と、クレームをつけられることもある。

「利用者さんに『それくらいいいじゃねえか』と詰め寄られたとき、ルールを超えて対応してしまう介護職もいれば、『決まりですからダメです』と、はっきり断る介護職もいる。どちらが正解かは、はっきりとは言えません。

介護現場には、ルールを守って経営して利益を上げたいと思う経営者、業務中の事故やトラブルを避けたいと思っている管理職が一定数います。一方で、利用者さんを本当の親のように慕う介護士も存在しており、『利用者さんがかわいそうだ』とか『そんなのは本当の意味での介護じゃない』と、頭の固い上司に対して批判をぶつけることもあります。

ですが、そうした意見も理想論と捉えられかねない」

様々なルールの中で、現場の介護士や看護師は葛藤している。諸制度と現場の矛盾をどう解消していくかが、今後問われていくことになるのではないか。田中さんは言う。

「『決まりですから、できません』と断るだけなら誰でもできます。だけど、介護や看護に携わる者なら、なんとかしてあげたいと思うものなんじゃないですか」

第六章　介護の現在と未来

人口減少、少子高齢化、核家族化が進む日本において、介護保険制度の維持は大きな社会的課題となっている。国立社会保障・人口問題研究所の最新の推計によると、二〇四〇年には日本の六十五歳以上の人口が約三千九百万人に達するとされる。これは総人口の三四・八%に相当する数字だ。高齢者人口の増加に伴い、介護サービスへの需要は急速に高まるだろう。

現在、高齢者が高齢者を介護する「老老介護」、介護を理由に職を離れる「介護離職」は深刻な社会問題と化している。介護職員の不足は今後も続くと見られ、これらの問題を解決するためには、外国人労働者の受け入れ拡大、労働環境の改善が不可欠だ。第六章では介護が抱える課題について、当事者とその家族、介護職員や事業者など、様々な視点から紹介し、介護の現在と未来について考えていきたい。

「老老介護」の末、八十歳の妻を絞殺

「今日死ぬかい?」

夫がそう尋ねると、八十歳の妻は「ええよ」と応じ身を委ねた――。

広島県広島市の住宅で妻をマフラーで絞殺したとして、七十二歳の夫が逮捕されたのは

二〇二一年五月のこと。夫は承諾殺人罪に問われ、懲役三年、執行猶予四年の有罪判決を受けた。「介護疲れ」が引き起こしたこの事件は、多くの介護関係者に衝撃を与えた。

近所でもおしどり夫婦として知られていた二人が結婚したのは一九七三年。そんな二人に大きな転機が訪れたのは二〇一三年ごろ。夫が、がんを患い、闘病生活を送るようになったのだ。さらに約二年後、今度は妻が脳梗塞を発症し、左半身不随の状態になった。夫は身体が不自由になった妻の介護に追われていくことになる。

事件を取材した記者によれば、夫は在宅で妻の介護を続け、妻がデイサービスに送り出される姿を近隣住民も度々見かけていたという。自らも闘病生活を送る中で、妻をつきっきりで介護していたという夫。その負担は日ごとに重くのしかかり、夫の身体は次第にやせ細っていった。一方、妻も徐々に衰弱していき、「死にたい」と漏らすようになる。約六年間の介護の末、夫婦が選択したのは〝死〟だった。

夫の「死ぬかい？」という問いに承諾した妻。妻を殺害した後、夫は自らの手首を切ったが死にきれなかったという。初公判で夫は「一緒に逝けなくてごめん」と項垂《うなだ》れながら亡き妻に謝罪の言葉を述べている。裁判長は夫に対して、「長いこと奥さんのために尽くしてきたと思いますが、今後は自分のことも考えて心穏やかに過ごしてください」と言葉をかけた。

老老介護の問題は、年々深刻さを増している。二〇二二年の厚労省の調査によると、介護する側とされる側が同居する世帯のうち、お互いが六十五歳以上の割合は六三・五％にものぼっている。さらに、七十五歳以上の老老介護の割合は三五・七％を占めている。調査が始まった二〇〇一年から、老老介護の件数は右肩上がりで急増しているのだ。

妻を車椅子ごと海に突き落とし……

老老介護が要因となった事件は後を絶たない。この広島での事件の一年半後にも、こんな衝撃的なニュースが注目を浴びた。

「妻の面倒は私がみる。この決意が私の心の支えだった」

横浜地裁小田原支部で検察官の質問にそう答えたのは、八十二歳の男性だ。二〇二二年十一月、当時七十九歳の妻を車椅子ごと海に突き落とし、殺人罪に問われていた裁判での一幕である。妻を約四十年介護した末に殺害に及んだ男性は、懲役三年の実刑判決を受けた。

男性が妻と出会ったのは一九六七年のこと。当時、彼は大手スーパーの社員だった。結婚後、二人の息子に恵まれた男性は、スーパーのバイヤーとして全国を飛び回る日々を送っていた。ところが一九八二年、男性が四十歳の時、妻が脳梗塞で倒れ左半身不随になった。当時、医師からこう告げられたという。

「脳梗塞の前兆があったはず。それに気付かなかった（夫の）あなたが悪い」

医師の言葉を聞いた男性は、「身体が続く限り妻を一人で介護する」と決心。妻は「要介護3」に認定され、この日を境に彼の長い介護生活が始まった。

「妻の介護に追われた男性は、それまで勤めていたスーパーを辞め、自分で商売を始めました。以前よりも比較的自由がきくからと、コンビニ経営などにも手を出しましたが、経営は次第に行き詰まり、二〇〇七年に自己破産しています」（社会部記者）

それでも彼は献身的に妻の介護を続けた。年金をコツコツと貯めながら、古びた団地に部屋を購入。年に数回、妻を旅行にも連れて行った。車椅子のまま入浴できる宿泊施設に泊まったときは、妻がとても喜んでいたと法廷で語っていた。

「仲のいい夫婦でしたよ」

近所の住人の多くは夫妻の印象について、そう口を揃えた。妻は自宅からデイサービスに通うなど介護サービスを受けていたが、年々身体機能が衰えていくと、自力で車椅子に乗ることもままならなくなっていった。

「二人で逝った方が、息子たちにとっても楽かもしれない」

二〇二二年夏になると、男性は心中を考え始め、妻の首に手をかけたこともあると、法廷で明らかにしている。だが、殺すことはできなかった。

追い込まれていく彼を見かねてか、ケアマネや息子らが話し合いの末、妻を介護施設に入れることを決めたという。ところが男性は、そうした周囲の決定を受け入れることができなかった。

施設に入ると費用がかかり、息子たちに迷惑をかけてしまう――。そう思い悩んだ男性は、漁港に妻を連れ出した。

「お父さん、やめて」

岸壁でそう訴えた妻の声が届くことはなく、車椅子は海の中へと沈んでいった。

裁判長は「妻には何の落ち度もなく、信頼する夫に突き落とされた絶望感や無念さは計り知れない」と述べつつも、男性が長年にわたり介護を続けてきたことを考慮した判決を下した。男性は涙を流し深々と頭を下げたというが、約四十年という介護生活にどれほどの苦労があったのか察するに余りある。

問題を一人で抱え込む高齢者

これら二つの事件には、ある共通点が存在する。介護する側が一人で問題を抱え込んでいる点だ。なぜ妻を介護施設に入所させなかったのか、どうしてもっと周囲の協力を仰がなかったのか……。多くの人はこのような疑問を口にするだろうが、広島の事件では、妻の面倒を最期まで見てやりたいという、夫の強い思いがあった。後者の男性も法廷で「誰にも迷惑をかけないで一人で面倒を見るという意識があった」と答えている。

彼らのように介護の問題を一人で抱え込んでしまう高齢者は珍しくなく、この傾向は以前から問題視されてきた。警察政策研究センターが、二〇一三年十二月に実施した社会安全フォーラム「高齢者犯罪の実態と対策」の資料には、次のような指摘がある。

〈高齢殺人犯について、犯行動機に関して詳しく調査を行ったところ、痴情・怨恨・憤怒が多いのは当然として、全体の2割強が精神的疲労であり、その53％が介護疲れ、17％が生活上の精神的疲労（中略）。即ち、高齢者による殺人事件の全体の12％が介護殺人ということになる。これも介護サービスなどが適切に利用されていれば防ぐことができたかもしれない。近隣からの支援もなく、公共サービスも適切に利用できず、限られた家族だけ

で介護するなかで精神的にも身体的にも疲れ果て、承諾殺人や無理心中へとつながったケースも少なくない。〉

警察庁の統計によれば、二〇〇七年から二〇一四年までの間に「介護・看病疲れ」を動機・原因として検挙された殺人事件は、三百五十六件にのぼっている。さらに、警察庁が公表している「令和3年の犯罪」では、殺人罪八百八件のうち、三十三件について、犯行の動機・原因を「介護・看病疲れ」としていた。また暴行や傷害を含む粗暴事件について、同年の統計では、「介護・看病疲れ」が犯行の動機・原因となったものが七十五件だった。今後も老老介護を強いられる世帯は増え続け、介護・看病疲れを原因とした事件がなくなることはないだろう。

あるベテランのケアマネは、老老介護の問題点についてこう指摘する。

「老老介護は、介護する側にとっても、される側にとっても、肉体的・精神的な負担が大きいものです。もっとも危険なのは〝共倒れ〟になってしまうこと。特に今の高齢者は責任感が強い方が多く、自分で何でも解決しようと思いがちです。介護に追われて自宅に引きこもり、外の世界との繋がりが希薄になれば、どうしてもストレスが溜まってしまう。その先には関係の破綻しかありません。周囲の人たちは、問題を一人で抱え込んでいる高齢者に対して、介護サービスを利用するよう提案したり、周囲の力を借りるのはごく当たり前のことだと言ってあげる必要があると思います」

他者の手を借りると、介護する側にも余裕が出てくる。

「高齢の旦那さんが奥さんを介護している世帯で、よく『家事が大変だ』と言われるケースがあります。奥さんの介護については介護サービスを利用すれば、入浴やリハビリ、移動介助など、手伝ってもらうことができますし、家事についてはある程度、旦那さんが自分でやる必要がありますが、ヘルパーに来てもらって掃除や洗濯、調理の下ごしらえの手伝いなどをしてもらうことはできます」（同前）

ただし、受けられるサービスにも限界がある。

「週に二回、一時間程度ヘルパーさんを利用したとしても、全ての家事をお願いすることはできません。草むしりや金銭管理、利用者以外の洗濯や掃除、料理など、ヘルパーが手伝えない行為も多くあります。そうなると、旦那さんの負担もなかなか減らすことができない。旦那さんが高齢者であっても、介護サービスで全てをカバーするのは難しいというのが現状です」（同前）

「介護離職」は年間で十万六千人

介護当事者の家族が抱える問題は他にもある。子供は都心に自宅と職場があり、高齢の両親は地方にいるというケースは珍しくないが、その両親に介護が必要になった時、浮上してくる選択肢の一つが「介護離職」だ。

前述のように、私も両親とは離れて暮らしており、実家では高齢の父親が要介護者の母親の介護をしている、まさに老老介護の状態だった。その母親が二〇二三年の夏、夜中に自宅で転倒し急遽《きゅうきょ》入院することになった。転倒で入院したのは、これで二度目となる。手術は無事に成功、リハビリも順調に進んでいたものの、病院の理学療法士からは、退院後も室内では歩行器を使い、外出時は車椅子の生活をすることになると説明を受けた。

このまま老老介護が続けられるのか——。私たち家族は新たな問題に直面することになった。

当時母親を担当していたケアマネは、「退院後、自宅で暮らすのは無理です。介護付き老人ホームを探してください」と私や父親に提案してきた。母親が入院している間に家族が老人ホームを探しておいて、退院時にそのまま入所するのが理想だというのである。老人ホームを自力で見つけるのが大変であれば、斡旋業者を紹介するとも伝えられた。

母親と面会した際、このケアマネの話を伝えてみると、即座に拒否された。

「退院したら自宅で暮らしたい」

「早く自宅で暮らしたいからこそ、今リハビリを頑張っているのに……」

そう寂しそうに話していたのが印象的だった。一方、父親の意見も同様で「自分が介護をするから、もう一度自宅で一緒に暮らしたい」という。母親本人と父親の強い希望もあり、家族で話し合った末、退院後は自宅で老老介護を出来るところまで続けるという決断を下した。

そうして私たちは、実家をリフォームする計画を立て、レンタル業者の方には母親に合った車椅子や歩行器を提案してもらうなど、母親を迎え入れる準備を進めていた。ところが、ケアマネは母親が自宅に戻ることに反対し、こう言ったのだった。

「自宅で暮らすのは無理です。もし自宅に戻られるなら、ご長男（私）や兄弟に、夜中に実家で見守りをしてもらうことが前提です」

ケアマネの言葉には唖然とした。私たち家族の事情や経済状況、母親の人生観や価値観などを無視して、話し合おうとする姿勢も見せず、専門家の意見を押しつけるような介護方針は、到底受け入れられるものではなかった。

ケアマネは私に「夜中に実家で見守りをしてもらうことが前提」と言ったが、私は都心で生活をしている。「来月から実家に引っ越して、毎晩母親を見守ります」などと簡単に言える状況ではない。毎日夜中から明け方まで母親を見守れというのは、私に仕事を辞めろと言っているに等しいことだった。そもそも、これまで介護の取材をしてきた経験から、老人ホームに親を預ければ絶対安心だとも思えなかった。老人ホームでも四六時中見守りがあるわけではないし、転倒するリスクが消えるわけでもない。

この件をケースワーカーに相談したところ、ケアマネについては替えましょうということになった。そして、新しく担当してもらうことになったケアマネは、「ご両親の希望に添えるように、いろいろとやってみましょう」と真剣に向き合ってくれた。母親の退院前には、病院の理学療法士が実家に来て、母親の生活動線を入念にチェックし、実家で暮らせるように提案もしてくれたのだった。

ケアマネとのやり取りを経て、私は十年ほど前、大手企業が実施していた介護セミナーでの印象的な言葉を思い出した。当時、女性の講師はこう話していた。

「介護サービスは家族のためにもあるのです」

女性講師は、介護によって周囲や家族の生活が破綻しないために、介護サービスがあると言い切ったのだ。そしてこう続けた。

「介護する時間がなければ、プロに任せればいい。介護のために自分が職を辞める必要はありません」

総務省が公表している「令和4年就業構造基本調査」によれば、家族の介護をしながら働く人は約三百六十五万人もいるという。介護や看護のために離職した人は、年間で十万六千人にものぼる。もちろん家庭の事情はそれぞれ違うが、いずれの数値も十年前と比較して増えており、介護離職は大きな社会問題だ。二〇一五年に当時の安倍晋三政権が「介護離職ゼロ」を宣言していたが、状況は改善されていない。

ＮＴＴデータ経営研究所が、厚労省の委託調査として二〇二〇年三月に公表した「仕事と介護の両立等に関する実態把握のための調査研究事業報告書」では、介護離職の原因について触れられている。「手助・介護」を機に仕事を辞めた理由として、仕事と「手助・介護」の両立が難しい職場だったためと回答した人の割合は約六〇％にのぼった。さらに、勤務先に介護休業制度が整備されていなかったため介護離職をしたと答えた人の割合は、約四七％だった。そうした中で厚労省は二〇二三年十一月、介護休業などの支援制度を四十歳以上の従業員に周知することを、全ての会社に義務づける方針を決めた。介護離職を防ぐために、企業側の対応が急がれる。

しかし、それだけでは不十分だ。離れて暮らす親を毎日夜中に見守るようにと言ってのけた、前述のケアマネのような介護従事者に対しても、介護離職への問題意識を徹底させる必要があるのではないだろうか。

「老人ホーム入居権」を巡る特殊詐欺

子供と離れて暮らし、社会から孤立した高齢者が、詐欺集団に狙われることも増えてきた。警察庁によれば二〇二二年の特殊詐欺の認知件数は約一万七千六百件にのぼり、近年は高齢者を中心に大きな被害が出ているという。

「介護施設の入居権を譲渡していただけないかと思い、お電話いたしました」

神奈川県に住む高齢男性の自宅に、そんな電話がかかってきたのは二〇二二年夏のことだ。電話口の男は、「介護福祉センター」なる会社の人間だと丁寧な口調で名乗ったそうだが、高齢男性は相手の社名に聞き覚えはなく、何の話をしているのかも全く理解できなかったという。

「介護施設の入居権?」

思わずそう聞き返した高齢男性。だが、その日は偶然、帰省していた男性の家族が居合わせており、〝入居権〟というキーワードにピンと来たという。

入居権詐欺――。その家族は、老人ホームの入居権を譲ってほしいといって金を騙し取る詐欺が横行しているとの報道を見たばかりだった。そこで電話を代わってもらい、相手に次のように告げた。

「家族の者ですが、介護施設の入居権とはどういうことでしょうか。聞き間違えがあるといけないので通話内容を録音させていただきます。まずは、あなたの会社名と氏名、電話番号をもう一度教えてください」

すると突然、電話は切れたという。

警察庁のまとめによれば、二〇二二年の特殊詐欺事件のうち、六十五歳以上の高齢者が被害者となっている割合は約八七％に上っている。手口別では還付金詐欺が最も多く、次いでオレオレ詐欺、キャッシュカード詐欺盗、架空料金請求詐欺、預貯金詐欺の順となっており、これらを合わせると特殊詐欺の認知件数の約九九％を占める。また介護施設の入居金詐欺は近年急増しているといい、国民生活センターによると、二〇二一年度の相談件数は百四十八件だったのが、翌年度には六百八十五件に急増。劇場型の入居金詐欺は、電話をかけて来るとあの手この手で金を騙し取ろうとする。

・「老人介護施設の入居権を譲ってほしい」と言われ了承したところ、本人からの申し込みだと証明するために一千万円振り込んでほしいと迫られた。

・「老人ホーム入居権」を他者に譲るためには二百万円を振り込むよう言われ、支払わないと裁判になると脅された。

・電話が来て、介護施設に入る権利があると言われた。次の人に名義を譲ってと言われ了承すると、一千万円振り込むよう言われた。

さらに各自治体のホームページを見ると、さまざまな特殊詐欺への注意喚起がされている。その多くは高齢者に向けたものだ。

〈介護保険料の還付金詐欺にご注意ください〉

そうホームページに掲載している自治体は、還付金詐欺で頻繁に使用される、注意すべき言葉や言い回しを挙げている。

「市役所の介護保険課の○○です」

「あなたの介護保険料の還付金が○年分で三万円発生しています」

「以前に通知と返信用封筒をお送りしましたがお手続きがなく、期限が迫っているのでご連絡しました」

「○○銀行の○○です。市役所から連絡を受けてご連絡しました」

還付金があるからと言葉巧みに信用させ、金銭を騙し取る手口がよくわかる。この自治体では、〈還付金詐欺かな？　と思ったらまずは電話を切りましょう〉とアドバイスし、もし「今日中にやらないと受け取れない」などと焦らせてきても、いったん行政の介護保険課に問合せするよう注意喚起している。

海外の詐欺集団からも狙われている

自治体がこうした警告を発していても、特殊詐欺による被害は後を絶たないのが現実だ。一方で騙す側の手口も巧妙化し、近年では組織化された詐欺グループが当局の摘発を逃れるため、詐欺拠点を海外に移すなどしているのが特徴だ。

二〇二三年九月、カンボジアのアパートで日本人の男ら二十五人が、現地の警察当局に拘束された。彼らは日本に移送され、詐欺容疑で逮捕された。男らはカンボジアから北海道に住む女性（70代）に対して、介護施設の入居に関する名義貸しトラブルを解決するとウソの電話をかけ、女性から現金四十五万円を騙し取った疑いがある。さらに同年の十一月二十九日には、埼玉県警など九つの道府県警が男らを詐欺容疑で再逮捕。こちらについては、長野県の高齢女性に介護施設を巡るトラブルを解決するとウソの電話をかけ、六百万円を騙し取った疑いが持たれている。

「逮捕された男らは二十歳から四十五歳で、カンボジアのアパートに居住しながら詐欺電話をかける〝かけ子〟をしていました。詐欺拠点のアパートからは、高齢者の名簿のほか、百台を超えるスマホやパソコンが押収されています。騙された高齢者は相当数いるとみられています」（前出・社会部記者）

海外を拠点にして、日本へ向け電話やメールで詐欺を仕掛けているのは、なにも日本人だけではない。カンボジア、ラオス、タイ、ミャンマー、フィリピンなどの東南アジアには、国際的詐欺グループの拠点がいくつも存在している。

二〇二三年十一月、私はある取材でタイ北部のメソトという街を訪れた。川を挟んで向かい側には、内戦が続くミャンマーがすぐ近くに見える。

現地で長年事業を営むタイ人は、川の対岸を指差しながら、こう話した。

「あそこに見える建物群は、表向きはカジノリゾート。しかし実態は、オンライン詐欺の拠点となっている。現在、二千人くらいが住み込みで、日本やアジア各地にむけて詐欺の工作をしているのです。働いているのは騙されて連れてこられた外国人たちが中心となっている。彼らはパスポートを没収され、一日中詐欺の実行犯をさせられている。国境付近には、こうした詐欺拠点がいくつもあります」

実際、詐欺グループに監禁され、暴力で支配されながら詐欺の片棒を担がされた外国人が救出されたとのニュースは、現地で頻繁に報じられている。詐欺集団の首謀者の多くは中国人で、摘発を逃れるため東南アジアを転々としていることも伝えられている。

「詐欺グループに出回っている高齢者の名簿は様々で、高額所得者ばかりが載っているものや、一度騙した実績のある高齢者ばかりの名簿、投資に関心がある高齢者の名簿などがあります。家族構成や銀行口座の数などが書かれたものもあり、個人情報が筒抜けになっている」（前出・社会部記者）

日本だけでなく海外からも狙われている日本の高齢者。今後、被害を減らすことができるかは未知数だ。

外国人労働者に頼らざるを得ない

犯罪から高齢者を守るため十分な安全対策や支援策が必要なのは言うまでもない。しかし、高齢者を支援するはずの介護業界は深刻な人手不足に陥っており、既に多くの外国人労働者に頼らざるを得ない現実がある。

二〇二三年二月、大阪市内の貸会議室に、茶色の髪を後ろに束ね、明るい水色のダウンジャケットを羽織ったレイナ（仮名）が現れた。「日本は長いんですか？」と聞くと、彼女は両手の指で六を表しながら、「ロクガツ」と短く答えた。

大学生になった娘をフィリピンに残して来日したレイナは三十五歳。今回の取材には、他に三人の同席者がいた。レイナと同じフィリピン人のソフィア（仮名・45歳）、マイカ（仮名・38歳）、ニコル（仮名・45歳）だ。この三人は日本滞在歴が長いため、日本語が不自由なレイナの通訳係を買って出てくれた。彼女たち四人は現在、大阪の介護施設で働いている。

厚労省は二〇二五年度に、全国の介護職が約三十二万人足りなくなると推計している。さらに二〇四〇年度には、約六十九万人も不足することが見込まれている。すでに人手不足の介護現場では、多くの外国人労働者に頼らざるを得ない状況だ。実際、以前取材した関西の別の介護施設では、スタッフの四分の一が、インドネシアやベトナム、フィリピンから来た外国人労働者だった。

「厚生労働白書」（令和4年版）によると、日本には「医療・福祉」の分野で働く外国人が約五万八千人いるとのことだ。日本で就労する外国人労働者全体に占める割合は三・三％と低いものの、前年比で三三％も増加していて、産業別での増加率は最も高い。白書では、今後増加が見込まれる外国人労働者の職場定着についても言及しており、外国人介護職の職場環境の整備が重要だと記している。

そうした外国人が働く介護現場の実態について知りたいと思い、知人の介護関係者を通じてレイナたちを紹介してもらったのだ。

彼女たちの話に入る前に、まずは外国人たちがどのようなルートで日本の介護職として働くようになるのかについて触れておこう。

現在、外国人が日本の介護施設で働くためには、主に四つのルートがある。

①「ＥＰＡ（経済連携協定）」
②「介護の在留資格」
③「技能実習」

④「特定技能一号」

①の「ＥＰＡ（経済連携協定）」は、インドネシア・フィリピン・ベトナムと、日本との経済連携を強化する目的で、一定の要件を満たした人材を受け入れる仕組みだ。この仕組みを利用して日本で働くためには、「四年制大学を卒業して自国の介護士認定を受けた者」「三年制又は四年制の看護課程修了」などの諸条件を満たし、訪日前に日本語能力試験で一定の成果を残す必要がある。もちろん訪日後は、語学研修が行われる。

②の「介護の在留資格」は、専門的・技術的分野での外国人の受け入れだ。日本国内で介護関連の養成学校を卒業すること、または実務経験を経て介護福祉士国家資格を取得することが条件となる。

ＥＰＡと介護の在留資格については、日本の介護福祉士の国家資格を取得すれば、介護職として日本に在留でき、家族も帯同できることになっている。

③の「技能実習」は、最大五年間、実習生として介護施設で働きながら仕事を学び、期間が終わると母国に帰る制度のことをいう。

④の「特定技能一号」は、介護分野における一定の専門性・技能に加え、高い日本語能力を持つ人材を受け入れる制度だ。事前に試験などで、専門的な能力のレベルを確認した

後、日本の介護施設で五年間就労することができる。その後は帰国するか、介護福祉士の試験にパスすれば日本に在留することもできる。

法務省の出入国在留管理庁の資料（令和4年6月末現在）によれば、「特定技能一号」を活用して介護分野で働いている外国人は、ベトナムが四千二百九十四人、インドネシアが千七百九十七人、フィリピンが千三百八人。そこにミャンマーやネパールが続き、多くの外国人がこの制度を利用して介護職に就いている。

冒頭のレイナは、②のルートで日本に来たようだ。彼女は以前、台湾で介護の仕事をしていたこともあるが、過去に訪れたことのある日本で働きたいと思い、今回の来日を決めた。

「渡航するためフィリピンのエージェントに二百万円くらい支払いました。これは来日してから専門学校で学ぶための費用も含まれています。日本に来てからも、エージェントへ三か月ごとに三十万円を払う。学校は二年制で、卒業後も日本で働きたいと思っています」

そう話す彼女は現在、介護施設で週に三回、夜勤のアルバイトをしている。日本語がまだ不自由なため、利用者と言葉が通じないときは、タブレット端末の翻訳機能を使ってコミュニケーションをとるそうだ。勤務時間は十八時から朝の十時までで、仕事が終わるとそのまま学校に向かい、昼間は語学や介護を学んでいると話した。

介護施設の拘束時間は一日十六時間にもなり、労働基準法で定める「一日八時間かつ週に四十時間」の法定労働時間を優に超えている。ところが、本人の知らぬ間に、十六時間のうちの八時間が休憩時間とされていたことが最近判明した。そのせいで、レイナの月の手取りは十万円にも満たないことが度々あったという。

「だから、他にもアルバイトをしています」

他のバイトとは一体どんな仕事なのか、彼女に尋ねたが答えようとしなかった。

知人によれば、夜にフィリピンパブや工場で働いているとのことだった。

「一部の水商売や工場では、現金を手渡しでくれるところがあって、そうした仕事をして生活費を補填しています。税金逃れですので、見つかれば罪になる。場合によっては国に帰される可能性だってあります。そんなリスクを負ってまで、生活のために働いているのは、他の外国人介護職も同じです」（知人）

ブラックすぎる雇用環境

外国人介護職の待遇や生活面などの課題については、これまで度々メディアでも取り上げられてきた。技能実習で来た外国人の長時間労働の実態、賃金未払いの問題、渡航のために母国で多額の借金を抱えている現状などがクローズアップされたこともあり、政府でも特定技能制度のあり方について議論が進められている。

だが、先に記した四つのルート以外で働く外国人介護職については、ほとんど注目されたことがない。例えば、日本人と結婚し、日本で生活をしている外国人介護職だ。ソフィア、マイカ、ニコルの三人は、日本人男性と結婚した外国人で、彼女らを取り巻く労働環境にも多くの問題がある。

マイカは前年、夫と離婚し、高校生の子供を育てるシングルマザーになった。

「私は知人の紹介で五年前に介護職に就きました。それまでは、焼肉屋やラーメン屋、ホテルで働いたこともあります。十万円を払って勉強して、介護の資格を取りました。だけど月給は、手取りで十二万円くらいです」

彼女がいう資格とは、訪問介護施設で排泄や入浴など利用者の身体に直接触れる「身体介護」を行うことが可能となる介護職員初任者研修のことだ。百三十時間の研修を受け、試験に合格する必要がある。

ソフィアも日本人の夫と、その間にできた高校生の子供をもつ。約十年前から、市内で訪問介護の仕事をはじめた。

「職場では、私たち外国人だけがボーナス無し。雇用保険も、社会保険もありません。日本人の経営者や社員から、簡単にクビにされてしまいそうで、いつも不安です」

そんな彼女たちに、会社とどのような雇用契約を結んでいるのか聞いてみると、全員が「わからない」と首を傾げた。

「契約書にはサインしましたけど、小さい字がたくさん書いてあって読めませんでした。社長から、ここにサインしてと言われ、『はい』と言うしかありませんでした」（ニコル）

実は彼女たちが勤める施設では今、給与の未払い問題が起きており、知人の介護関係者を通じて労働基準監督署などに相談をしているという。その知人は、マイカがスーパーの安売りで食パンを買い、昼休憩のときにパンを一切れ食べただけで、再び業務に就く姿をみたこともあるそうだ。

当然、介護職の給与だけでは生活できず、他の仕事も掛け持ちしている。

「ときどき、競技場で掃除のアルバイトがあるんです。二時間で五千円の仕事。お給料は現金でくれる。これがあるとすごく助かるから、マイカと時々働きに行くんです。今日は

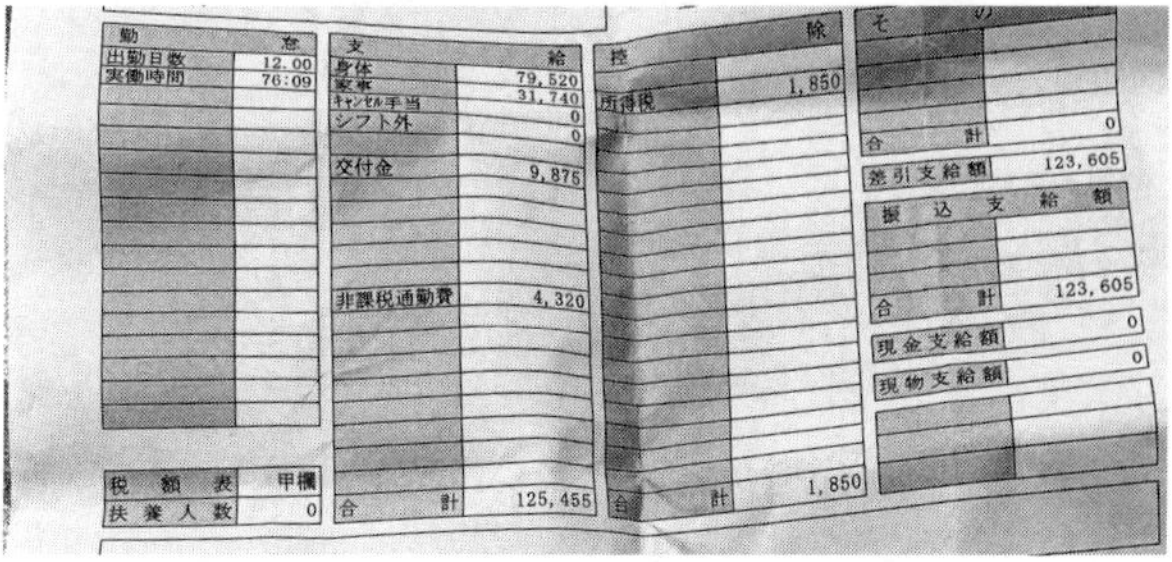

勤怠	
出勤日数	12.00
実働時間	76:09
税額表	甲欄
扶養人数	0

支給	
身体	79,520
家事	31,740
キャンセル手当	0
シフト外	0
交付金	9,875
非課税通勤費	4,320
合計	125,455

控除	
所得税	1,850
合計	1,850

その他	
合計	0
差引支給額	123,605
振込支給額 合計	123,605
現金支給額	0
現物支給額	0

マイカの給与明細の一部

何の試合があったんだろうねって、毎回楽しみなんです」（ソフィア）

外国人労働者が日本を見限る日

そんな彼女たちの祖国・フィリピンでは、多くの人が非常に強い家族愛を持っていると聞いたことがある。彼女たちの目に、日本の介護現場はどう映っているのだろうか。

「フィリピンでは、親が死ぬまで家族全員で面倒を見るのは当たり前。私も小学生の頃、おばあちゃんをお風呂に入れていました。だから最初、日本人が他人に親の面倒を見てもらっているのが不思議でした。フィリピン人にとっての一番は家族だけど、日本人にとっての一番は仕事でしょ。だから親を施設に預けて、家族は面会にも来ませんよ。私なら心配で、すぐに顔を見たくなる。だから私たちが代わりに、利用者さんを日本の親だと思ってお世話しているんです」

ソフィアの言葉に「そうそう」と同調しながら、今度はマイカがこう続けた。

「うちの日本人スタッフも仕事が一番ね。私が利用者さんと楽しく話しながらご飯を食べていると、『早く食べさせなさい』って怒られます。いつも『時間、時間』って。でも、大好きなお父さんお母さんと、たくさんお話がしたいし、面倒を見てあげたいと思うのは普通じゃないですか？　日本人の偉い人は仕事の時間が終わったら、すぐ帰る。汚れた利用者さんを見ても、散らかった部屋で寝ている姿を見ても、何もしてあげない」

そういいながら、マイカは鞄からクリアファイルを取り出した。ファイルにはベッドに横たわる男性の写真が一枚挟まっている。彼女は嬉しそうに、こう言った。

「利用者さんの誕生日に撮ったんです。いい写真でしょ」

マイカはこの写真を職場のスタッフたちとのグループLINEに送信したことがあるが、それを見た日本人の職員が、「誕生日を祝うとか、勝手なことをしないで」と彼女に注意したという。マイカは反論したかったが、言葉の壁もあり、結局いつも日本人の上司に言い負かされてしまうため、ただ黙っていた。

マイカが黙ってしまうのは、日本人の経営者から叱責された時や、業務外の仕事を押し付けられた時も同じだ。

「掃除や重労働、残業は、いつも私たちの仕事。偉い人は、命令するだけ」

そう愚痴をこぼした。嫌な思いばかりをして、それでも日本で介護の仕事を続ける理由は何なのだろうか。

「フィリピン人にとって、日本は昔ほど魅力的ではないですね。円が安いし、お金が稼げない。だから最近は、日本以外の国で働く人も増えています。でも私たちは日本に家族もいるし、簡単に離れられません。

正直、この会社を辞めても仕事は他にもありますよ。でも私、利用者さんのことが心配なんです。日本の家族ですから。私が辞めたらどうなっちゃうのって思う。だから日本人から嫌なことを言われても、利用者さんのために『はい、はい』って言いながら我慢する」

底抜けに明るく話す彼女たちからは、介護を〝業務〟と捉えていないことが伝わってくる。知人の話によれば、ある利用者の男性は、日本人介護士から話しかけられても反応しないが、マイカの言うことだけは素直に聞くというのだ。

なぜ介護職が人手不足なのか。これまで取材した多くの人は、「待遇の悪さ」を挙げていた。その待遇を改善しないまま、外国人で人員を補塡し、彼女たちをより待遇の悪い環境で働かせている。もし彼女たちが日本の介護を見限ったら、介護現場は一気に崩壊し、一番困るのは利用者に他ならない。

「自立支援」という名の切り捨て

介護を受ける当事者や家族、そして介護職や事業者などの未来を考えるうえで、重要になるのが政府の舵取りだ。政府の介護政策は、今後どのような方向に進んでいくのか。

介護業界を取材していると、「介護予防」「自立支援」といった言葉がたびたび出てくる。要介護状態の発生をできるだけ遅らせる。なるべく自分でできることは自分でやってもらい、介護が必要になっても、住み慣れた地域で生活を続けられるようにしようというものだ。二〇〇六年度の介護保険制度改正後から、よく聞かれるようになった。

ここで介護保険制度の歴史について、少し振り返っておこう。老人保健福祉審議会によって介護保険制度の創設が提言されたのは一九九六年のことだった。「社会的な連帯によって高齢者の介護を支える社会を創る時」と提唱されたことをきっかけに、二〇〇〇年から介護保険制度が始まっている。その昔、親の介護といえば長男の嫁がみるのが当たり前といった社会の風潮もあったと聞く。家族だけで介護を担うのが美風とされていたのだ。

しかし時代とともに、親の介護は家族だけの問題ではなく、社会全体で支えていくべきではないかとの考え方が出てきた。そうして生まれたのが現在の介護保険制度である。

だが近年、政府は介護を必要としている人を切り捨てているかのようにも見える。高齢化が進み、社会保障費が増大し続ける中で、介護保険制度は個人の負担を増やす形で変化してきた。

例えば二〇〇五年、介護施設の食費や居住費は自己負担が原則となり、二〇一二年、居宅支援に訪れるヘルパーが行える生活援助の時間の区切りが六十分から四十五分に減らされた。二〇一五年には、介護サービスの自己負担額が一割だったものを、所得に応じて二割に引き上げることが決定。二〇一八年には遂に、所得が多い高齢者については三割負担となった。

この他にも、安価で入ることができるとされている特養は、入居できる基準が要介護3以上に引き上げられた。要支援者への訪問介護とデイサービスについては保険給付から外されて、各市区町村の地域支援事業となっている。

こうして、いつの間にか「自立」の名のもと、介護保険制度には様々な制限が課されるようになった。それはまるで、高齢者を社会全体で支えようとする、介護保険創設当初の理念とは逆行しているかのようだ。

あるデイサービスの経営者は、こう話す。

「自立という言葉は聞こえはいいですが、そこには『介護にかかる財源が不足しているため、高齢者介護になるべく金をかけたくない』との国や行政側の本音が潜んでいるように感じます」

「自立支援」という言葉が強く打ち出されたのは、二〇一六年十一月に開かれた「第2回未来投資会議」でのこと。故・安倍晋三元首相が、これからの介護は「高齢者が自分でできるようになることを助ける自立支援に軸足を置きます」と提唱した。さらに二〇一九年に行われた、安倍元首相肝いりの全世代型社会保障検討会議の中間報告の中にも、介護予防の強化などが盛り込まれたのだった。

国が「自立支援」を重視しはじめた背景には、財政の悪化、介護業界を支える人材不足の深刻化がある。

介護関係者は一連の流れをどのように捉えているのか。大阪の特養で働くベテラン女性介護士は、こう話した。

「『自立支援』については良い面もあると思います。例えば、居宅介護を担うヘルパーから、『（利用者から）家政婦のようにこき使われている』と愚痴をこぼされることがある。自分でできることまで手伝わされ、時には『そんなこともやってくれないのか』と罵声を浴びせられることもあるそうです。在宅だけでなく施設でも、食事を上手に口まで運べない利用者さんに『食べさせて』と言われれば、つきっきりで介助する介護士もいます。

果たしてそれが、本当の意味での介護と言えるのか。自分でできることは、なるべく自分でやってもらうというのは、介護方針としては間違っていないと思います。なんでも人にやってもらうと、本人の能力も弱っていくからです」

一方で、「自立支援」を敬遠する施設もある。

「介助者がさっさと食事を口に運んであげれば、利用者さんの要望に応えられ、食事介助の時間を大幅に削減することにつながります。人手不足の介護業界においては、本人の意志や能力を尊重するより、さっさと介助してあげた方が効率もいい。結局、自立支援の是非については、状況によって変わってくると思います」（同前）

データばかりが重視される介護

そんな介護の分野では今、「科学的介護」の促進に関する議論が盛んに行われている。

厚労省の「科学的裏付けに基づく介護に係る検討会」が二〇一九年七月に取りまとめた資料によれば、科学的介護とは、次のようなことを指すという。

エビデンスに基づいた自立支援・重度化防止等を進めるためには、

① エビデンスに基づいた介護の実践
② 科学的に妥当性のある指標等を現場から収集、蓄積し、分析すること
③ 分析の成果を現場にフィードバックすることで、更なる科学的介護を推進

といった、現場・アカデミア等が一体となって科学的裏付けに基づく介護（以下「科学的介護」という。）を推進するための循環が創出できる仕組みを形成する必要がある。

つまり、エビデンスやデータに基づいた介護を行うことで、自立支援を促進させることを目指しているのだ。科学技術を介護に活用することは、もちろんいいことである。だが一方で、介護現場からは不安の声も聞こえてくる。

「データばかりが重視された介護で、要介護者の些細な要望や声がきちんと反映されるのでしょうか。介護は生身の人間と向かい合う仕事。科学ではカバーできない面もあるはず

です。データ重視の介護スタッフが増え、介護される人たちの心の声に耳をかさなくなったら本末転倒ではないでしょうか」

さらに別の介護関係者は、科学的介護について、「軽度である要支援ランクの人たちを介護の枠組みから外していこうとする動き」ではないかと指摘する。

「二〇〇五年の改正では、要支援1と要支援2という要介護度が新たに設けられました。これらの症状が軽微な方々については、介護〝予防〟サービスが生まれることになりました。状態の悪化を防ぐため、生活機能の改善を目的としたサービスです。表向きは自立支援を促しているように見えますが、このような画一的なランク分けは、要支援者を切り捨てることにつながらないでしょうか。要支援者の中には、足元がおぼつかず、身だしなみを整える際にも介助が必要だと思われる方々もいらっしゃいます。そうした方々を、介護保険から切り離して本当によいのかと思っています」

おわりに

本書は、週刊文春の不定期連載「介護の謎」「介護の闇」（二〇二二年六月から二〇二三年三月掲載）をもとに、新たな取材内容を加えて再編集したものだ。

連載時、取材に協力してくれた人たちの中には、当時と状況が大きく変わったという例も多い。例えば、介護保険の不正請求の現場を告発してくれた人は、その後、退職して会社と民事裁判で争うことになった。待遇改善を会社に求めて声をあげた外国人労働者もいる。新しい転職先で再び介護に関わっているベテラン介護職や、スタッフに横領された金銭を取り戻そうと刑事裁判と民事裁判で争っている介護施設の経営者もいる。介護業界とは決別し、まったく違う業界で第二の人生を歩み始めたケースもある。

そして私の母親も、二〇二三年に二度目の入院をし、四人目のケアマネが担当についた。再び自宅で介護サポートを受けているが、通所型のデイサービスにお世話になるのも、これで四か所目だ。こうして介護に関わる者の多くの人生は、時間とともに変化しているが、変わっていないのは、介護を取り巻く環境が危機的な状況にあるということだろう。

本文中でも記したが、二〇二四年一月、東京商工リサーチが公表した「2023年『老人福祉・介護事業』の倒産、休廃業・解散調査」によると、二〇二三年に倒産した老人福祉・介護事業は百二十二件で、過去二番目の多さだった。このうち訪問介護事業者の倒産は六十七件にのぼり、過去最多を大幅に上回った。東京商工リサーチは、ヘルパーなど介護職員の人手不足や高齢化が深刻であることなどを挙げ、「2024年は一段と小・零細事業者の倒産、休廃業・解散が増勢を強めるとみられる」と予測している。

そうした状況の中、人手不足を解消しようと介護報酬の改定に変化が見られた。

介護報酬は三年に一度改定され、介護サービスを提供した事業者に支払われる額が決まる。二〇二四年度の改定では、特養などの介護保険施設の基本報酬が引き上げられることになったのだ。これは介護職員の賃上げにも繋がるが、一方で今回の改定では、訪問介護サービスの基本報酬が引き下げられることになった。二〇二二年度の介護事業経営実態調査において、特養などは赤字経営が続いたのに対して、訪問介護は黒字だったというのが、その理由だ。

しかし、訪問介護の黒字化の実態を見れば、人が雇えず人件費が浮いたために黒字になったという事業所も存在する。決して、訪問介護の事業が潤っているという話ではないのだ。このまま基本報酬が引き下げられれば、現場で働く介護職は人手不足という過酷な労働環境に置かれ、かつ賃金も上がらないという状況が続くことになる。

訪問介護の利用者は、全国に百五十万人以上いるとされており、その数は特養や老健の利用者よりも多い。業界が苦しくなれば、多くの利用者が行き場を失うのは目に見えている。介護の危機に瀕する中、今もその場凌《しの》ぎの対応ばかりが繰り返されており、根本的な解決は見出せない状況が続いている。

そんな劣悪な環境下でも、私が取材した介護現場では、悪事に手を染める人間がいる一方で、リスク覚悟で組織の不正を告発する人や、辛い境遇に耐えながらも生きる人々の姿があった。今回の取材を通じて出会った志のある介護従事者の存在こそが、介護の裏側に差し込む一筋の光ではないかと思う。

最後に、この本を完成させるにあたり、取材に協力していただいた方々や、多大なる支援と励ましをくださった文藝春秋の方々に心からの感謝を申し上げます。

甚野博則（じんの　ひろのり）

1973年生まれ。大学卒業後、大手電機メーカーや出版社などを経て2006年から「週刊文春」記者に。「『甘利明大臣事務所に賄賂1200万円を渡した』実名告発」などの記事で「編集者が選ぶ雑誌ジャーナリズム賞」のスクープ賞を２度受賞。現在はフリーランスのノンフィクションライターとして、週刊誌や月刊誌などで社会ニュースやルポルタージュなどの記事を執筆。本書が初の単著となる。介護に関する情報はぜひ（hironori.jinno2@gmail.com）までお寄せください。

文春新書

1449

実録《じつろく》ルポ　介護《かいご》の裏《うら》

2024年５月20日　第１刷発行
2024年10月５日　第４刷発行

著　者　甚　野　博　則
発行者　大　松　芳　男
発行所　株式会社　文　藝　春　秋

〒102-8008　東京都千代田区紀尾井町3-23
電話（03）3265-1211（代表）

印刷所　大日本印刷
製本所　大口製本

定価はカバーに表示してあります。
万一、落丁・乱丁の場合は小社製作部宛お送り下さい。
送料小社負担でお取替え致します。

ISBN978-4-16-661449-3

◆こころと健康・医療

◆社会と暮らし

はじめての部落問題 角岡伸彦
潜入ルポ ヤクザの修羅場 鈴木智彦
臆病者のための裁判入門 橘 玲
女と男 なぜわかりあえないのか 橘 玲
食の戦争 鈴木宣弘
首都水没 土屋信行
水害列島 土屋信行
児童相談所が子供を殺す 山脇由貴子
夫のＬＩＮＥはなぜ不愉快なのか 山脇由貴子
子供の貧困が日本を滅ぼす 日本財団 子どもの貧困対策チーム
医学部 鳥集 徹
高齢ドライバー 所 正文・小長谷陽子・伊藤安海
感動の温泉宿100 石井宏子
日本プラモデル六〇年史 小林 昇
昭和の東京12の貌 文藝春秋編
平成の東京12の貌 文藝春秋編

統一教会 何が問題なのか 文藝春秋編
平成の通信簿 吉野太喜
１９７９年の奇跡 南 信長
日本の海が盗まれる 山田吉彦
内閣調査室秘録 志垣民郎 岸 俊光編
毒親介護 石川結貴
スマホ危機 親子の克服術 石川結貴
総会屋とバブル 尾島正洋
最強の相続 荻原博子
県警VS暴力団 藪 正孝
女性を美しく見せる「錯覚」の魔法 テート小畠利子
死刑賛成弁護士 犯罪被害者支援弁護士フォーラム
パンデミックの文明論 ヤマザキマリ 中野信子
半グレと芸能人 大島佑介
47都道府県の底力がわかる事典 葉上太郎
なんで家族を続けるの？ 内田也哉子 中野信子
コロナ後を生きる逆転戦略 河合雅司
超空気支配社会 辻田真佐憲

実録 脱税の手口 田中周紀
男性中心企業の終焉 浜田敬子
老人支配国家 日本の危機 エマニュエル・トッド
負動産地獄 牧野知弘
ＡＩ新世 人工知能と人類の行方 小林亮太 篠本滋 甘利俊一 監修
お天気ハンター、異常気象を追う 森さやか
トカイナカに生きる 神山典士
ルポ 食が壊れる 堤 未果
メタバースと経済の未来 井上智洋
ソーシャルジャスティス 内田 舞
ペットロス 伊藤秀倫
チャットＧＰＴ vs.人類 平 和博

文春新書のロングセラー

磯田道史
徳川家康　弱者の戦略
人質、信長との同盟、信玄との対決……次々に襲う試練から家康は何を学んで天下を取ったのか——。第一人者が語り尽くす「学ぶ人家康」

1389

エマニュエル・トッド　大野　舞訳
第三次世界大戦はもう始まっている
ウクライナを武装化してロシアと戦う米国によって、この危機は「世界大戦化」している。各国の思惑と誤算から戦争の帰趨を考える
1367

樹木希林
一切なりゆき
樹木希林のことば
二〇一八年、惜しくも世を去った名女優が語り尽くした生と死、家族、女と男……。ユーモアと洞察に満ちた希林流生き方のエッセンス
1194

牧田善二
糖質中毒
瘦せられない本当の理由
どうして人は太ってしまい、またなぜ瘦せられないのか。それは脳が糖質に侵された中毒だから。そこから脱却する最終的方法を伝授！
1349

堤　未果
ルポ　食が壊れる
私たちは何を食べさせられるのか？
人工肉からワクチンレタスまで、フードテックの裏側で何が起こっているのか？「食と農」の危機を暴き、未来への道筋を示す本
1385

文藝春秋刊